学习贯彻习近平新时代中国特色社会主义经济思想
做好“十四五”规划编制和发展改革工作
| 系列丛书 |

深入实施
乡村振兴战略

丛书编写组 编著

中国计划出版社 中国市场出版社 China Market Press
· 北京 ·

图书在版编目（CIP）数据

深入实施乡村振兴战略 / 学习贯彻习近平新时代中国特色社会主义经济思想 做好“十四五”规划编制和发展改革工作系列丛书编写组编著. -- 北京 : 中国计划出版社 : 中国市场出版社有限公司，2020.8 （2022.10重印）
（学习贯彻习近平新时代中国特色社会主义经济思想 做好“十四五”规划编制和发展改革工作系列丛书）
ISBN 978-7-5182-1227-9

Ⅰ. ①深… Ⅱ. ①学… Ⅲ. ①习近平新时代中国特色社会主义思想－学习参考资料②农村－社会主义建设－中国－学习参考资料 Ⅳ. ①D610②F320.3

中国版本图书馆CIP数据核字(2020)第170743号

深入实施乡村振兴战略

SHENRU SHISHI XIANGCUN ZHENXING ZHANLÜE

编　　著：丛书编写组
责任编辑：赵超霖　徐　泓
装帧设计：蒋宏工作室

出版发行：中国计划出版社　中国市场出版社
社　　址：北京市西城区木樨地北里甲11号国宏大厦C座3层（100038）
电　　话：（010）63906433（发行部）
网　　址：www. jhpress. com

印　　刷：北京汇瑞嘉合文化发展有限公司
规　　格：170mm × 240mm　　1/16开本
印　　张：14.75　　字　　数：153千字
版　　次：2020年8月第1版　　印　　次：2022年10月第6次印刷
书　　号：ISBN 978-7-5182-1227-9
定　　价：30.00元

前 言

实施乡村振兴战略，是以习近平同志为核心的党中央着眼党和国家事业全局、顺应亿万农民对美好生活的向往，对“三农”工作作出的重大决策部署。习近平总书记强调，乡村振兴战略是关系全面建设社会主义现代化国家的全局性、历史性任务，是新时代“三农”工作总抓手。党的十八大以来，习近平总书记就做好“三农”工作特别是实施乡村振兴战略发表一系列重要讲话、作出一系列重要指示批示，全面回答了什么是乡村振兴、为什么要振兴乡村、怎样振兴乡村等一系列重大理论和实践问题，深刻阐述了实施乡村振兴战略的内涵要义、方向道路、工作布局、基本任务和原则要求，为坚定走中国特色社会主义乡村振兴道路提供了根本遵循。

习近平新时代中国特色社会主义经济思想是习近平新时代中国特色社会主义思想的重要组成部分。习近平总书记关于实施乡村振兴战略的重要论述，是习近平新时代中国特色社会主义经济思想的重要组成部分，是实施乡村振兴战略的重要思想指南和行动纲领。乡村振兴战略实施近三年来，在习近平新时代中国特色社会主义经济思想的科学指引下，我国农业发展稳中有进，乡村产业稳步发展，乡村建设迈出新的步伐，农村社会保持和谐稳定，农村改革持续深化，脱贫攻坚取得决定性成就，乡村振兴实现良好开局，提高了全面建成小康社会的成色和质量。

为学习贯彻习近平新时代中国特色社会主义经济思想，做好“十四五”规划编制和发展改革工作，我们组织编写了《深入实施乡村振兴战略》。本书共五章二十三节，以习近平新时代中国特色社会主义经济思想为指导，深入学习习近平总书记关于实施乡村振兴战略的重要论述，深刻认识其重大意义和丰富内涵，全面总结实践进展，深入分析机遇挑战，科学谋划全面振兴，以期为指导各地做好“十四五”时期乡村振兴工作提供理论支撑和实践参考。

习近平总书记关于实施乡村振兴战略的重要论述博大精深、内涵丰富、思想深邃。鉴于编写组水平有限，书中难免有不足之处，敬请读者批评指正。

本书编写组

2020 年 8 月

目 录

第三章 贯彻落实习近平总书记关于实施乡村振兴战略重要论述的实践进展

第四章 实施乡村振兴战略面临的机遇和挑战

第五章 以习近平新时代中国特色社会主义经济思想为指导做好“十四五”乡村振兴工作

第一章

充分认识习近平总书记关于实施乡村振兴战略重要论述的重大意义

习近平总书记关于实施乡村振兴战略的重要论述，系统回答了做好新时代“三农”工作的重大理论和实践问题，明确了乡村产业、人才、文化、生态和组织振兴的重要任务，是习近平新时代中国特色社会主义经济思想的重要组成部分。深入学习领会习近平总书记的重要论述，必须将其作为一个理论体系，从整体上准确把握，领会好、领会透战略意图。

第一节

习近平新时代中国特色社会主义经济思想的重要组成部分

一、乡村产业振兴是建设现代化经济体系的重要内容

（一）构建现代化经济体系是以习近平同志为核心的党中央作出的重大决策部署

国家强，经济体系必须强。在坚持和发展中国特色社会主义、实现社会主义现代化和中华民族伟大复兴的征程中，必须不断增强我国的经济实力，加快建设现代化经济体系。党的十九大报告提出，从二〇二〇年到二〇三五年，在全面建成小康社会的基础上，

再奋斗十五年，基本实现社会主义现代化。从二〇三五年到本世纪中叶，在基本实现现代化的基础上，再奋斗十五年，把我国建成富强民主文明和谐美丽的社会主义现代化强国。实现这一宏伟蓝图，需要通过强化现代化经济体系的战略支撑，为本世纪中叶实现社会主义现代化强国梦夯实基石。

现代化经济体系是由社会经济活动各个环节、各个层面、各个领域的相互关系和内在联系构成的有机整体。我国建设的现代化经济体系既要借鉴发达国家有益经验和做法，更要符合中国国情、具有中国特色。农业是国民经济的基础，农村经济是现代化经济体系的重要组成部分，承担着依托农业农村资源，因地制宜发展各类产业，加快一二三产业深度融合协调发展的重要任务。

（二）乡村产业振兴是建设现代产业体系的重要基础

现代产业体系是现代化经济体系的基本构成，从城乡空间分布看，产业体系主要由城市产业体系和乡村产业体系组成。构建现代乡村产业体系是建设现代产业体系的重要方面，也是乡村产业振兴的重要目标。现代乡村产业的核心是现代农业，农业强则国家稳、天下安。2007 年初开始，受粮食能源化趋势增强和国际金融危机等因素影响，国际谷物出口价格大幅上涨，加上石油价格和运费持续升高，致使全球食品价格急剧攀升，最终导致 2008 年爆发世界粮食危机，30 多个国家发生骚乱，部分发展中国家甚至出现政权危机；新冠肺炎疫情暴发以来，全球粮食市场和价格大幅波动，一些国家收紧粮食出口，造成国际粮食市场恐慌。实践表明，只有乡村产业特别是现代农业持续健康快速发展，社会大局才能稳定，经济社会才能实现高质量发展。

习近平总书记指出，确保重要农产品特别是粮食供给，是实施乡村振兴战略的首要任务。[1]要推动乡村产业振兴，紧紧围绕发展现代农业，围绕农村一二三产业融合发展，构建乡村产业体系，实现产业兴旺，把产业发展落到促进农民增收上来，全力以赴消除农村贫困，推动乡村生活富裕。[2]习近平总书记的重要论述，进一步强调了确保国家粮食安全、保障重要农产品有效供给的极端重要性，指明了发展现代农业、加快构建现代农业产业体系、生产体系、经营体系的努力方向和实现路径，明确了推进农业由增产导向转向提质导向，提升农业质量、效益和整体素质，持续增加农民收入，实现农业强、农民富的目标任务。

习近平总书记指出，资源禀赋决定了我们不可能各地都像欧美那样搞大规模农业、大机械作业，多数地区要通过健全农业社会化服务体系，实现小规模农户和现代农业发展有机衔接。当前和今后一个时期，要突出抓好农民合作社和家庭农场两类农业经营主体

[1] 习近平总书记参加十三届全国人大二次会议河南代表团审议时的讲话（2019 年 3 月 8 日），《人民日报》2019 年 3 月 9 日。
[2] 习近平总书记参加十三届全国人大一次会议山东代表团审议时的讲话（2018 年 3 月 8 日），《人民日报》2018 年 3 月 9 日。

发展，赋予双层经营体制新的内涵，不断提高农业经营效率。[1]千家万户分散经营的小农经济，难以适应农业现代化的要求，需要通过农民合作方式，把分散小农户组织起来，融入现代农业发展中，共同推进农业现代化。习近平总书记的重要论述，深刻揭示了我国农业现代化的经营体系特色，强调了农民合作经济组织在双层经营体制新内涵的重要作用，指明了我国现代农业发展的实现路径。

二、乡村生态振兴是建设美丽中国的重要组成部分

（一）绿水青山就是金山银山

习近平总书记指出，我们既要绿水青山，也要金山银山。宁要绿水青山，不要金山银山，而且绿水青山就是金山银山。[2]习近平总书记的重要论述，深刻阐明了经济社会发展与生态文明建设之间的辩证关系，再次强调了保护生态环境的极端重要性，对统一思想认识、促进乡村生态振兴、建设美丽中国具有重要指导意义。绿水青山基本分布在广大乡村，保护好绿水青山，是乡村生态振兴的基本任

[1]《把乡村振兴战略作为新时代“三农”工作总抓手》（2018 年 9 月 21 日），《习近平谈治国理政》第三卷，外文出版社 2020 年版，第 259–260 页。

[2]《建设美丽中国——关于新时代中国特色社会主义生态文明建设》，见《习近平新时代中国特色社会主义思想学习纲要》，学习出版社、人民出版社 2019 年版，第 169–170 页。

务，是新时代中国特色社会主义生态文明建设的重要内容。绿水青山就是金山银山，揭示了保护生态环境就是保护生产力、改善生态环境就是发展生产力的道理，发展和保护两者密不可分、协同共生。绿水青山既是自然财富、生态财富，又是社会财富、经济财富，在一些生态环境资源丰富但相对贫困的地区，通过激活土地、劳动力、资产和自然风光等要素，大力发展休闲农业、乡村旅游等产业，实现绿水青山所蕴含的生态产品价值，既保护了生态环境，又富裕了一方百姓。

（二）美丽乡村是美丽中国的基础

习近平总书记指出，生态环境没有替代品，用之不觉，失之难存。[1] 要像保护眼睛一样保护生态环境，像对待生命一样对待生态环境。[2] 抓好生态文明建设，是打造美丽中国的重要内容，是关系中华民族永续发展的根本大计。乡村占我国国土面积的绝大部分，农业是生态产品的重要供给者，乡村是生态涵养的主要区域，生态是乡村最大的发展优势。2018 年，全国城镇城区面积 20 多万平方公里，建成区面积 5.85 万平方公里，分别占陆地国土面积的 2.1%

[1]《在青海省考察工作结束时的讲话（节选）》（2016 年 8 月 24 日），《习近平关于社会主义生态文明建设论述摘编》，中央文献出版社 2017 年版，第 13 页。
[2]《在云南考察工作时的讲话》（2015 年 1 月 19 日—21 日），《习近平关于社会主义生态文明建设论述摘编》，中央文献出版社 2017 年版，第 8 页。

和0.6%。[1] 如果美丽中国建设只注重城区生态环境，而忽视广大乡村生态环境，那么美丽中国是不完整的。美丽乡村是美丽中国的底色，只有把乡村建设得更加美丽，人与自然更加和谐，美丽中国建设才有更加坚实的基础。

（三）推动乡村生态振兴建设美丽乡村

习近平总书记指出，要推动乡村生态振兴，坚持绿色发展，加强农村突出环境问题综合治理，扎实实施农村人居环境整治三年行动计划，推进农村“厕所革命”，完善农村生活设施，打造农民安居乐业的美丽家园，让良好生态成为乡村振兴支撑点。[2] 习近平总书记的重要论述体现了以人民为中心的发展思想，将生态环境建设与农民生产生活紧密联系在一起，以农村人居环境改善为重点，让农民对乡村生态振兴有看得见、摸得着的获得感，是运用辩证唯物主义思想指导乡村生态环境建设的具体实践。美丽乡村需要乡村生态振兴来实现，治理和保护好与农民生活生产活动息息相关的村庄及其周边环境是主攻方向。

---

[1] 如果包含管辖的300万平方公里领海面积，我国陆海领土面积为1 260万平方公里，那么2018年全国城区和建成区面积分别占陆海领土面积的1.59%和0.46%。

[2] 习近平总书记参加十三届全国人大一次会议山东代表团审议时的讲话（2018年3月8日），《人民日报》2018年3月9日。

三、乡村文化振兴是繁荣社会主义文化的重要组成部分

（一）创新发展中华优秀传统文化是新时代社会主义文化建设的重要内容

中华优秀传统文化是中华民族的根和魂。习近平总书记高度重视中华优秀传统文化，并将其作为治国理政的重要思想文化资源，要求传承和弘扬中华优秀传统文化，做好创造性转化和创新性发展，使之与现实文化相融相通，吸取其中的思想精华和道德精髓。贯彻落实习近平总书记的重要论述，需要抓紧梳理传统文化资源，让收藏在博物馆里的文物、陈列在广阔大地上的遗产、书写在古籍里的文字活起来，对乡村古民居、传统民间歌舞、传统农具和乐器等乡村物质和非物质文化遗产进行科学保护、挖掘整理、有效开发。

（二）乡村文化蕴藏着中华优秀传统文化的基因

习近平总书记指出，我国农耕文明源远流长、博大精深，是中华优秀传统文化的根。我国很多村庄有几百年甚至上千年的历史，至今保持完整。很多风俗习惯、村规民约等具有深厚的优秀传

统文化基因，至今仍然发挥着重要作用。[1]中华文明根植于农耕文化，乡村是中华文明的基本载体。在中华文明五千年历史中，农耕文明璀璨夺目，形成了独具特色的文明发展之路，对人类社会发展作出了重要贡献。《诗经》、唐诗宋词和歌赋中有大量描绘乡村田园生活的作品，中国山水画作对乡野民居多有展现，民间传说及伦理孝道故事不少发生在乡村，流传久远的地方戏曲、少数民族歌舞以及传统工艺品大多反映古代乡村居民的生产生活。新中国成立后，特别是改革开放以来，随着城镇化不断发展，城市文明地位越来越重要，形成了现代文明的主流，但乡村文明依然是中华文明的基础。弘扬中华优秀传统文化，需要乡村文化振兴的支撑和促进。

（三）推动乡村文化振兴是社会主义文化繁荣兴盛的重要路径

习近平总书记指出，要推动乡村文化振兴，加强农村思想道德建设和公共文化建设，以社会主义核心价值观为引领，深入挖掘优秀传统农耕文化蕴含的思想观念、人文精神、道德规范，培育挖掘乡土文化人才，弘扬主旋律和社会正气，培育文明乡风、良好家风、淳朴民风，改善农民精神风貌，提高乡村社会文明程度，焕发

[1]《把乡村振兴战略作为新时代“三农”工作总抓手》（2018 年 9 月 21 日），《习近平谈治国理政》第三卷，外文出版社 2020 年版，第 260 页。

乡村文明新气象。[1]新时代中国特色社会主义文化建设的基本任务，是推动社会主义文化繁荣兴盛，乡村文化振兴是社会主义文化在广袤农村大地繁荣兴盛的重要路径。习近平总书记的重要论述，指明了乡村文化振兴的方向、目标和路径，强调了培养社会主义核心价值观、抓好农村思想道德建设和公共文化建设的重要性，为实现乡村文化振兴提供了根本遵循。

四、乡村组织振兴是国家治理体系和治理能力现代化的重要组成部分

（一）乡村组织是国家基层治理体系的重要方面

习近平总书记指出，基础不牢、地动山摇。农村工作千头万绪，抓好农村基层组织建设是关键。无论农村社会结构如何变化，无论各类经济社会组织如何发育成长，农村基层党组织的领导地位不能动摇、战斗堡垒作用不能削弱。[2]实现乡村组织振兴，直接关系到国家治理体系和治理能力现代化。2019 年，我国有 5.5 亿人常住在乡村，约占总人口的 40%。即使到 2035 年基本实现现代化

[1] 习近平总书记参加十三届全国人大一次会议山东代表团审议时的讲话（2018 年 3 月 8 日），《人民日报》2018 年 3 月 9 日。

[2]《在中央农村工作会议上的讲话》（2013 年 12 月 23 日），《十八大以来重要文献选编》（上），中央文献出版社 2014 年版，第 684 页。

时，估计仍有近30%、4.3亿左右的人口生活在乡村。如此庞大的乡村人口，必须依靠农村基层党组织、村民委员会、群团组织、社会组织等各类乡村组织来治理。习近平总书记的重要论述，进一步强调了农村基层党组织在乡村各类组织中的重要位置，明确了农村基层党组织在农村各类组织中居于领导地位。

根据2018年修改的《村民委员会组织法》，“村民委员会是村民自我管理、自我教育、自我服务的基层群众性自治组织，实行民主选举、民主决策、民主管理、民主监督”。“中国共产党在农村的基层组织，按照中国共产党章程进行工作，发挥领导核心作用，领导和支持村民委员会行使职权；依照宪法和法律，支持和保障村民开展自治活动、直接行使民主权利”。这一法律条款为《乡村振兴战略规划（2018—2022年）》提出的“大力推进村党组织书记通过法定程序担任村民委员会主任和集体经济组织、农民合作组织负责人”提供了法律依据。村组织中书记主任“一肩挑”，将有效扭转基层组织权力淡化、乡贤道德文化式微、集体经济弱化的局面，是党的基层政权在村庄内部延伸以推动村庄转型、推进城镇化发展的重要举措。

（二）推动乡村组织振兴是基层治理体系和治理能力现代化的重要抓手

2013年，习近平总书记指出，要建立和完善以党的基层组织为核心、村民自治和村务监督组织为基础、集体经济组织和农民合作组织为纽带、各种经济社会服务组织为补充的农村组织体系，使各类组织各有其位、各司其职。[1] 2017 年，习近平总书记强调，健全自治、法治、德治相结合的乡村治理体系，是实现乡村善治的有效途径。要以党的领导统揽全局，创新村民自治的有效实现形式，推动社会治理和服务重心向基层下移。[2] 2018 年 3 月，习近平总书记进一步强调，要推动乡村组织振兴，打造千千万万个坚强的农村基层党组织，培养千千万万名优秀的农村基层党组织书记，深化村民自治实践，发展农民合作经济组织，建立健全党委领导、政府负责、社会协同、公众参与、法治保障的现代乡村社会治理体制，确保乡村社会充满活力、安定有序。[3] 社会治理的基础在基层，薄弱环节在乡村。加强农村基层工作，健全乡村治理体系，确保广大农民安居乐业、农村社会安定有序，有利于打造共建共治共享的现代社会治理格局，推进国家治理体系和治理能力现代化进程。习近平总书记的重要论述，从构建现代乡村社会治理体制、实现乡村和谐稳定发展的高度，为现代乡村社会治理体系建设指明了方向。在乡村振兴过程中，要认真落实习近平总书记的重要论述，加快农村基层党组织、村民委员会、农民合作经济组织、涉农行业协会、村民理事会等乡村组织振兴，构建中国特色的乡村治理体系。

[1]《在中央农村工作会议上的讲话》（2013 年 12 月 23 日），《十八大以来重要文献选编》（上），中央文献出版社 2014 年版，第 685 页。

[2]《走中国特色社会主义乡村振兴道路》（2017 年 12 月 28 日），《习近平关于“三农”工作论述摘编》，中央文献出版社 2019 年版，第 135 页。

[3] 习近平总书记参加十三届全国人大一次会议山东代表团审议时的讲话（2018 年 3 月 8 日），《人民日报》2018 年 3 月 9 日。

五、乡村人才振兴是人才强国战略的重要组成部分

（一）人才是实现中华民族伟大复兴的战略资源

习近平总书记指出，我们要树立强烈的人才意识，寻觅人才求贤若渴，发现人才如获至宝，举荐人才不拘一格，使用人才各尽其能。[1] 习近平总书记关于人才的重要论述是新时代人才强国战略的工作指南。人才是实现中华民族伟大复兴、增强我国国际竞争力的重要资源。要认真落实习近平总书记的重要论述，坚持党管人才的原则，聚天下英才而用之，加快建设一支矢志爱国奉献、勇于创新创造的乡村优秀人才队伍。

（二）乡村人才振兴是实现乡村振兴战略目标的重要支撑

习近平总书记指出，乡村振兴要靠人才、靠资源。如果乡村人才、土地、资金等要素一直单向流向城市，长期处于“失血”、“贫血”状态，振兴就是一句空话。[2] 习近平总书记的重要论述深刻阐述了人才在实施乡村振兴战略中的重要作用，明确了加快乡村

[1]《在全国组织工作会议上的讲话》（2013 年 6 月 28 日），《习近平总书记重要讲话文章选编》，中央文献出版社、党建读物出版社 2016 年版，第 65 页。

[2]《走中国特色社会主义乡村振兴道路》（2017 年 12 月 28 日），《习近平关于“三农”工作论述摘编》，中央文献出版社 2019 年版，第 39 页。

人才振兴、支撑乡村全面振兴的工作要求。从发达国家的城镇化和现代化历程看，乡村人才持续流向城市、乡村人才队伍不断萎缩是普遍规律，欧盟、美国、日本等发达国家大多遭遇过此类难题。我国实施乡村振兴战略、加快农业农村现代化建设，同样面临人才流失带来的挑战，需要千方百计培养乡村本土人才，吸引和留住外来人才，大力推动人才振兴。

（三）乡村人才振兴是人才强国战略在农村落地生根的具体行动

习近平总书记指出，人才振兴是乡村振兴的基础。[1] 要推动乡村人才振兴，把人力资本开发放在首要位置，强化乡村振兴人才支撑，加快培育新型农业经营主体，让愿意留在乡村、建设家乡的人留得安心，让愿意上山下乡、回报乡村的人更有信心，激励各类人才在农村广阔天地大施所能、大展才华、大显身手，打造一支强大的乡村振兴人才队伍，在乡村形成人才、土地、资金、产业汇聚的良性循环。[2] 习近平总书记关于乡村人才振兴的重要论述，明确了乡村人才工作的目标方向和重点举措，是新时代开展乡村人才振兴工作的根本遵循和重要指南。

---

[1]《把乡村振兴战略作为新时代“三农”工作总抓手》（2018 年 9 月 21 日），《习近平谈治国理政》第三卷，外文出版社 2020 年版，第 261 页。

[2] 习近平总书记参加十三届全国人大一次会议山东代表团审议时的讲话（2018 年 3 月 8 日），《人民日报》2018 年 3 月 9 日。

六、脱贫攻坚是创造幸福美好生活的重要组成部分

（一）乡村是脱贫攻坚的主战场

贫困是人类社会发展面临的重大挑战，一些发达国家即使解决了绝对贫困问题，但相对贫困依然存在。我国贫困人口绝大部分集中在乡村，涉及面广、贫困程度深、解决难度大。2020年打赢脱贫攻坚战，实现全面建成小康社会后，相对贫困问题仍将存在，需要持续巩固脱贫攻坚成果。

（二）脱贫攻坚是新时代建设中国特色社会主义的重要任务

习近平总书记强调，小康不小康，关键看老乡，关键看贫困老乡能不能脱贫。反贫困是古今中外治国理政的一件大事，消除贫困、改善民生、逐步实现共同富裕，是社会主义的本质要求，是我们党的重要使命。[1] 扶贫开发推进到今天这样的程度，贵在精准，重在精准，成败之举在于精准。[2] 习近平总书记的重要论述，深刻阐明了脱贫攻坚的重大意义，明确了脱贫攻坚的精准方略。坚决打

[1]《在中央扶贫开发工作会议上的讲话》（2015年11月27日），《习近平关于“三农”工作论述摘编》，中央文献出版社2019年版，第159页。

[2]《在部分省区市扶贫攻坚与“十三五”时期经济社会发展座谈会上的讲话（节选）》（2015年6月18日），《习近平扶贫论述摘编》，中央文献出版社2018年版，第58页。

赢脱贫攻坚战，是新时代中国特色社会主义建设的重要任务，是中国共产党向全国人民作出的郑重承诺。

（三）脱贫攻坚是习近平总书记亲自部署推动的重大战略

习近平总书记多次赴贫困地区考察调研，亲自指挥脱贫攻坚战，为各级党委政府指明工作方向、提出工作要求、指导具体工作。2014 年，习近平总书记在参加十二届全国人大二次会议贵州代表团审议时说："党的十八大以后，我第二次到地方调研，就到了河北阜平县，后来又去了不少贫困地区。我到这些地方调研的目的只有一个，就是看真贫、扶真贫、真扶贫。"[1] 2015 年，习近平总书记强调，空喊口号、好大喜功、胸中无数、盲目蛮干不行，搞大水漫灌、走马观花、大而化之、手榴弹炸跳蚤也不行。总结各地实践和探索，好路子好机制的核心就是精准扶贫、精准脱贫，做到扶持对象精准、项目安排精准、资金使用精准、措施到户精准、因村派人精准、脱贫成效精准。[2] 2018 年，习近平总书记进一步强调："脱贫攻坚工作直接面向贫困地区和贫困群众，直接同人民群众打交道，暴露出来的作风和腐败问题群众感受最直接、反映最强烈。这些问题，我已经多次敲过警钟了，今天再敲敲'法槌'，

---

[1]《在参加十二届全国人大二次会议贵州代表团审议时的讲话》（2014 年 3 月 7 日），《习近平关于"三农"工作论述摘编》，中央文献出版社 2019 年版，第 157 页。

[2]《在中央扶贫开发工作会议上的讲话》（2015 年 11 月 27 日），《习近平关于"三农"工作论述摘编》，中央文献出版社 2019 年版，第 162–163 页。

希望引起大家高度警觉。”[1]这是一场硬仗，越到最后越要紧绷这根弦，不能停顿、不能大意、不能放松。当前，最突出的任务是帮助中西部地区降低疫情对脱贫攻坚的影响，在劳务协作上帮、在消费扶贫上帮。[2]习近平总书记的重要论述充分展现了总书记心系贫困地区、心系贫困群众的为民情怀，体现了一切为了人民的发展思想，树立了执政为民的光辉榜样。习近平总书记的重要论述，指出了脱贫攻坚领域存在的种种问题，指明了脱贫攻坚必须坚持的基本原则、工作机制和措施路径，是全力以赴打赢脱贫攻坚战的思想指南和行动纲领。

---

[1]《在打好精准脱贫攻坚战座谈会上的讲话》（2018 年 2 月 12 日），《习近平扶贫论述摘编》，中央文献出版社 2018 年版，第 125 页。

[2] 习近平《在决战决胜脱贫攻坚座谈会上的讲话》（2020 年 3 月 6 日）[EB/OL].（2020-03-06）[2020-08-19] .http：//www.gov.cn/xinwen/2020-03/06/content_5488175.htm.

第二节

党的农村工作理论的继承和发展

一、新中国成立前党的农村工作理论路线方针政策

农民问题是中国革命的基本问题，土地问题则是农民问题的核心。这一时期，中国共产党领导的工农民主政权制定了一系列土地法规，领导了波澜壮阔的农民运动和土地斗争。

（一）建党初期（1921—1927年）

中国共产党建立伊始，便提出没收军阀官僚土地分给贫困农民。党的一大通过的《中国共产党纲领》提出，把工人、农民和士兵组织起来，没收土地归社会公有。1922年6月，中共中央发表

《中国共产党对于时局的主张》，首次提出没收军阀官僚的田地分给贫苦农民的主张。1923年6月，党的三大通过了党的历史上第一个关于农民问题的决议，提出中国农民问题存在的根源，认识到农民在中国革命中的主力军作用和解决农民问题的核心是实现农民利益最大化。1925年10月发表的《告农民书》，第一次提出革命的根本问题是土地问题，指出要解决农民的痛苦，根本办法是实行“耕地农有”。

（二）土地革命时期（1927—1937年）

中国共产党建立农村革命根据地，废除封建土地制度，实行“耕者有其田”的制度。1927年党的五大通过《土地问题决议案》，肯定了“将耕地无条件的转给耕田的农民”的土地革命原则。1928年6月，党的六大通过《土地问题决议案》，要求立即没收豪绅地主阶级的土地财产，分配给无地及少地的农民使用。1928年12月，中国共产党颁布了第一部关于土地改革的历史文件《土地法》，规定没收一切土地归苏维埃政府所有。到1930年春，赣西、闽西中央革命根据地的土地已经全部实行农民所有。

（三）抗日战争时期（1937—1945年）

1937年8月，中共中央通过了《中国共产党抗日救国十大纲领》，决定以减租减息作为抗日战争时期解决农民问题的基本政策，不论何种租佃形式，都按原租额减少25%。1942—1943年先后发布《关于抗日根据地土地政策的决定》《关于如何执行土地政策决定的指示》《关于减租生产拥政爱民及宣传十大政策的指示》，进一步强调执行减租减息政策。根据地的土地占有关系发生了很大变化，地租率明显下降，佃户生产积极性提高。

（四）解放战争时期（1945—1949 年）

1946 年 5 月，中共中央发布《关于清算减租及土地问题的指示》，将减租减息政策改为没收地主土地分配给农民，揭开了解放区土地改革序幕。1947 年 10 月，《中国土地法大纲》公布，成为中国共产党在新历史时期的土地革命纲领。1948 年 2 月，中共中央发出《关于在老区半老区进行土地改革工作与整党工作的指示》，对平分土地的办法作了相应完善。土地改革运动极大地调动了农民的革命热情。

二、新中国成立至改革开放前党的农村工作理论路线方针政策

新中国成立后，随着工作重心从农村转移到城市，国家开始对农业进行社会主义改造，有计划地引导农业个体经济逐步向集体经济转变，实行农业哺育工业、农村支持城市的政策，为工业和城市发展提供支撑。

（一）开展土地改革运动

1950 年 6 月，中共中央决定在全国范围内进行土地改革，颁布《土地改革法》，明确废除地主阶级封建剥削的土地所有制，实行农民土地所有制。到 1952 年底，除部分少数民族地区外，全国大陆土地改革基本完成，3.1 亿无地或少地农民无偿分得 7 亿亩土地及其他生产资料，存续两千多年的封建地主土地所有制被彻底铲除。通过土地改革，彻底消灭了封建土地所有制，解放了农业生产力，为国民经济的恢复和发展以及工业化创造了条件。1952 年，全国粮食总产量达到 1 639 亿公斤，比 1949 年增产 45%。

（二）建立农村集体经济制度

1953 年，中共中央先后作出《关于农业生产互助合作的决议》《关于发展农业生产合作社的决议》，规定了农业社会主义改造的路线、方针和政策。在经历初级社、高级社发展阶段后，基本实现了农业合作化，完成了农业社会主义改造。到 1956 年底，全国农业社发展到 75 万个，其中高级社 54 万个，参加高级社的农户占全国总农户的 88%。1958 年 8 月，中共中央通过《关于在农村建立人民公社问题的决议》，决定建立政社合一的人民公社，实行“三级所有，队为基础”的体制。到 1958 年 10 月底，全国成立 2.6 万多个人民公社，参加农户有 1.2 亿户，占全国农户总数的 99%，基本实现了人民公社化。

（三）建立统购统销制度

1953 年 10 月，中共中央印发《关于实行粮食的计划收购与计划供应的决议》，由国家对粮食实行统一管理。1953 年 11 月，中央人民政府政务院印发《关于实行粮食的计划收购和计划供应的命令》和《粮食市场管理暂行办法》，规定了粮食统购统销的具体办法。随后，棉油、生猪、烤烟等几十种农产品陆续被纳入派购范围。1985 年，国家将农产品统购派购视不同情况分别改为合同定购和市场收购，农产品统购统销制度实施了 31 年多。统购统销是特殊时期实行的一项特殊政策，对支持经济建设、保持物价和社会稳定发挥了重要作用。

三、1978 年至党的十六大前党的农村工作理论路线方针政策

1978 年召开的党的十一届三中全会，作出把党和国家工作重心转移到经济建设上来、实行改革开放的重大决策。改革率先从农村开始，党的农村工作以调整和完善农村生产关系为主线，通过赋予农民生产经营自主权，极大地调动了农民生产积极性，解放和发展了农业生产力。

（一）调整农村基本经营制度

1978 年，安徽省凤阳县小岗村 18 位农民签订了一份土地承包

责任书，分田到户，拉开了我国农村改革的序幕，打破了农业生产经营和分配的“大锅饭”，使农民有了真正的自主权。到1981年，家庭联产承包责任制已在全国农村绝大部分地区推广。1982年1月1日，中共中央批转《全国农村工作会议纪要》，肯定了包产到户、包干到户是社会主义集体经济的生产责任制。随着家庭承包经营为基础、统分结合的双层经营体系的正式确立，农民获得生产经营自主权，“交够国家的、留足集体的、剩下就是自己的”，极大地解放了农村生产力。

（二）人民公社制度退出历史舞台

家庭联产承包责任制的实施，客观上要求改变人民公社“政社合一”的管理体制。1982年12月，全国人大五届五次会议通过了修订的《中华人民共和国宪法》，明确规定改革农村人民公社政社合一的体制，建立乡政府。1983年10月，中共中央、国务院印发《关于实行政社分开、建立乡政府的通知》，全面开展政社分开、建立乡政府和乡党委的改革。到1985年2月，实行26年之久的人民公社制度退出历史舞台。

（三）深化农村市场化改革

随着农产品产量增长，国家开始分品种、分步骤缩小统购统销的品种和范围。到1984年，国家统派购的农副产品由1980年的183种减少到38种。1985年1月，中共中央、国务院印发《关于进一步活跃农村经济的十项政策》，决定取消实行了30多年的农副产品统购统销制度。1993年2月，国务院印发《关于加快粮食流通体制改革的通知》，粮食流通体制进一步向商品化、市场化方向改革。1993年底，全国已有95%以上的县（市）放开粮食价格。此后，粮食流通体制改革不断深化，其他农产品基本由市场调节供求关系。

四、党的十六大至党的十八大前党的农村工作理论路线方针政策

党的十六大以来，党中央坚持把解决“三农”问题作为全党工作的重中之重，明确了统筹城乡发展的基本方略，制定了“工业反哺农业、城市支持农村”和“多予、少取、放活”的基本方针。2004—2012年连续出台了九个聚焦“三农”的“一号文件”，形成了新时期“三农”工作指导思想和政策体系，有力地促进了农业农村发展。

（一）实施统筹城乡经济社会发展方略

2002年，党的十六大提出，统筹城乡经济社会发展，建设现代农业，发展农村经济，增加农民收入，是全面建设小康社会的重大任务。这一战略部署明确了调整城乡关系的新方略。2003年，党的十六届三中全会首次提出“五个统筹”的发展理念，并将统筹

城乡发展放在首位。2004 年，党的十六届四中全会提出工农关系“两个趋向”的重要论断，即在工业化初始阶段，农业支持工业、为工业提供积累是带有普遍性的趋向；但在工业化达到相当程度后，工业反哺农业、城市支持农村，实现工业与农业、城市与农村协调发展，也是带有普遍性的趋向。2004 年 12 月召开的中央经济工作会议提出，我国现在总体上已到了以工促农、以城带乡的发展阶段。2007 年，党的十七大进一步提出统筹城乡发展，走中国特色农业现代化道路。2008 年，党的十七届三中全会作出《中共中央关于推进农村改革发展若干重大问题的决定》，提出把建设社会主义新农村作为战略任务，把走中国特色农业现代化道路作为基本方向，把加快形成城乡经济社会发展一体化作为根本要求。

（二）实行“多予、少取、放活”的方针

为稳定粮食生产，保障粮食安全，增加农民收入，2002 年中央农村工作会议提出“多予、少取、放活”的方针，成为此后一段时期我国农村改革发展的重要遵循。在“多予”方面，着力构建农业支持保护政策体系。2004 年开始，在全国范围实行种粮农民直接补贴政策，并逐步建立了以“四项补贴”（种粮农民直接补贴、良种补贴、农资综合补贴、农机具购置补贴）为主的农业补贴政策体系。出台粮食最低收购价和重要农产品临时收储政策，农民种粮积极性明显提高，粮食播种面积稳步增加。在“少取”方面，2003 年开始在全国范围推行农村税费改革，逐步降低农业税税率。2005

年12月29日，十届全国人大常委会第十九次会议决定自2006年1月1日起废止《中华人民共和国农业税条例》，标志着延续了两千六百多年的“皇粮国税”从此退出了历史舞台。在“放活”方面，不断深化以土地制度为重点的农村改革。2003年3月《中华人民共和国农村土地承包法》正式施行，以法律形式赋予农民长期而有保障的土地使用权。2007年10月颁布的《中华人民共和国物权法》，明确了土地承包经营权的用益物权性质。2008年10月，党的十七届三中全会通过的《中共中央关于推进农村改革发展若干重大问题的决定》提出现有土地承包关系保持稳定并长久不变，进一步明确了新时期农村土地承包政策。

（三）建设社会主义新农村

进入21世纪，随着工业化、城镇化的加快发展，城乡发展差距越来越大，农业农村成为现代化建设的突出“短板”。同时，我国综合国力不断提升，逐渐步入以工促农、以城带乡的发展阶段，具备了加大扶持“三农”力度的能力和条件。2005年10月召开的党的十六届五中全会提出，建设社会主义新农村是我国现代化进程中的重大历史任务，要按照生产发展、生活宽裕、乡风文明、村容整洁、管理民主的要求，扎实稳步地加以推进。[1] 2005年12月底

[1]《中国共产党第十六届中央委员会第五次全体会议公报》（2005年10月11日）［EB/OL］.（2005-10-11）［2020-08-28］.http://www.ccdi.gov.cn/special/wzqh/ljwzqh_wzqh/slj_wzqh/201510/t20151029_64190.html.

印发的《中共中央 国务院关于推进社会主义新农村建设的若干意见》，进一步明确了推进社会主义新农村建设的目标任务和政策措施，全面勾勒出新农村建设的具体路径。党的十七大对推进社会主义新农村建设作出全面部署，提出必须加强农业基础地位，走中国特色农业现代化道路，建立以工促农、以城带乡长效机制，形成城乡经济社会发展一体化新格局。

五、党的十八大以来党的农村理论路线方针政策

党的十八大以来，农业现代化加快推进，农村改革全面深化，美丽宜居乡村加快建设，农业、农村发展取得有目共睹的成就。为进一步加快解决城乡发展不平衡、农村发展不充分的矛盾，党的十九大提出实施乡村振兴战略，明确了产业兴旺、生态宜居、乡风文明、治理有效、生活富裕的总要求，将乡村振兴上升到国家战略高度，并庄严地写入党章。实施乡村振兴战略，是以习近平同志为核心的党中央从党和国家事业全局出发、着眼于实现“两个一百年”奋斗目标、顺应亿万农民对美好生活的向往作出的重大决策，为新时代调整工农城乡关系、推进农业农村现代化指明了方向、明确了重点。

（一）坚持“三农”工作重中之重的地位

习近平总书记始终坚持把解决好“三农”问题作为全党工作的重中之重。在2013年中央农村工作会议上，习近平总书记指出，

中国要强，农业必须强；中国要美，农村必须美；中国要富，农民必须富。[1] 三个“必须”深刻指出了“三农”问题是关系中国特色社会主义事业发展的根本性问题，是关系中国共产党巩固执政基础的全局性问题。2015 年 7 月，习近平总书记在吉林调研时强调，任何时候都不能忽视农业、不能忘记农民、不能淡漠农村。[2] 三个“不能”从历史维度审视“三农”发展规律，再次强调了“三农”工作的重要性，明确要求重视农业、关心农民、支持农村。2016 年 4 月，习近平总书记在安徽凤阳县小岗村召开的农村改革座谈会上强调，要坚持把解决好“三农”问题作为全党工作重中之重，坚定不移深化农村改革，坚定不移加快农村发展，坚定不移维护农村和谐稳定。三个“坚定不移”从全局角度阐明了“三农”工作重点，明确了坚定深化农村改革、加快农村发展、维护农村和谐稳定的总体目标任务。习近平总书记关于“三农”工作的重要论述进一步丰富和发展了党的“三农”理论，是指导新时期“三农”工作的强大思想武器。

（二）坚持农业农村优先发展

党的十九大报告提出，坚持农业农村优先发展，把农业农村工作

---

[1]《在中央农村工作会议上的讲话》（2013 年 12 月 23 日），《十八大以来重要文献选编》（上），中央文献出版社 2014 年版，第 658 页。

[2]《在吉林调研时的讲话》（2015 年 7 月 16 日—18 日），《习近平关于“三农”工作论述摘编》，中央文献出版社 2019 年版，第 4 页。

摆在党和国家工作全局的优先位置。在2017年底的中央农村工作会议上，习近平总书记深刻阐述了坚持农业农村优先发展的重大意义和科学内涵，强调把农业农村优先发展的要求落到实处，在干部配备上优先考虑，在要素配置上优先满足，在资金投入上优先保障，在公共服务上优先安排。[1] 在2018年9月十九届中央政治局第八次集体学习时，习近平总书记指出，农业农村现代化是实施乡村振兴战略的总目标，坚持农业农村优先发展是总方针，产业兴旺、生态宜居、乡风文明、治理有效、生活富裕是总要求，建立健全城乡融合发展体制机制和政策体系是制度保障。[2] 2019年2月《中共中央 国务院关于坚持农业农村优先发展 做好“三农”工作的若干意见》进一步明确，坚持农业农村优先发展是实施乡村振兴战略的总方针，是解决城乡发展不平衡、农村发展不充分的根本出路，是加快推进农业农村现代化的必然选择。坚持农业农村优先发展，顺应了城乡关系演变和现代化建设规律，把解决好“三农”问题的重要性提升到新高度，是中国共产党关于工农城乡关系问题理论创新的重要成果。

（三）推进农业供给侧结构性改革

2015年11月，习近平总书记在中央财经领导小组会议上指

---

[1]《在中央农村工作会议上的讲话》（2017年12月28日），《习近平关于“三农”工作论述摘编》，中央文献出版社2019年版，第191页。

[2]《把乡村振兴战略作为新时代“三农”工作总抓手》（2018年9月21日），《习近平谈治国理政》第三卷，外文出版社2020年版，第257页。

出，在适度扩大总需求的同时，着力加强供给侧结构性改革，着力提高供给体系质量和效率，增强经济持续增长动力，推动我国社会生产力水平实现整体跃升。[1]党的十八大以来，我国农业发展的内外部环境发生了深刻变化，国内外农产品价格倒挂、农业生产成本不断攀升、农业资源消耗过度、部分农产品产能过剩等，农业的主要矛盾从总量不足转向了结构性矛盾。2016年中央一号文件进一步指出，推进农业供给侧结构性改革，加快转变农业发展方式，保持农业稳定发展和农民持续增收，走产出高效、产品安全、资源节约、环境友好的农业现代化道路，推动新型城镇化与新农村建设双轮驱动、互促共进，让广大农民平等参与现代化进程、共同分享现代化成果。[2]推进农业供给侧结构性改革，是以习近平同志为核心的党中央顺应我国农业发展的阶段变化和内在要求，科学准确研判"三农"发展形势作出的重大战略决策，成为新时期"三农"工作的主线。

[1]《习近平主持召开中央财经领导小组第十一次会议强调 全面贯彻党的十八届五中全会精神 落实发展理念推进经济结构性改革》，《人民日报》2015年11月11日。

[2]《中共中央 国务院关于落实发展新理念加快农业现代化实现全面小康目标的若干意见》（2015年12月31日）[EB/OL].（2016-01-27）[2020-08-28]. http：//www.gov.cn/zhengce/2016-01/27/content_5036698.htm.

▌第三节▐

新时代做好乡村振兴工作的根本遵循

一、确立新时代乡村振兴的根本方向

2018 年 9 月，习近平总书记在十九届中央政治局第八次集体学习时指出，农业农村现代化是实施乡村振兴战略的总目标，坚持农业农村优先发展是总方针，产业兴旺、生态宜居、乡风文明、治理有效、生活富裕是总要求，建立健全城乡融合发展体制机制和政策体系是制度保障。习近平总书记强调，新时代“三农”工作必须

围绕农业农村现代化这个总目标来推进。[1] 习近平总书记从全面建设社会主义现代化强国的高度，确立了农业农村现代化的总目标，具有丰富的理论内涵与实践意义。

（一）农业农村现代化是国家现代化的重要基础

2014 年 12 月，习近平总书记在江苏调研时指出，没有农业现代化，没有农村繁荣富强，没有农民安居乐业，国家现代化是不完整、不全面、不牢固的。[2] 2018 年 9 月，在十九届中央政治局第八次集体学习时，习近平总书记再次强调，没有农业农村现代化，就没有整个国家现代化。在现代化进程中，如何处理好工农关系、城乡关系，在一定程度上决定着现代化的成败。[3]

从农业农村功能看，农业农村兼具生产、生活、生态、文化等多重功能，在国家现代化中扮演着重要角色。第一，农业是构建现代化经济体系的基础领域。农业是国民经济基础，为其他部门提供粮食、副食品、工业原料、资金等，是人类衣食之源、生存之本，是安天下、稳民心的战略产业。农业农村经济是现代化经济体系的重要组成部分，在现代经济发展中发挥着重要的基础作用。第二，

[1]《把乡村振兴战略作为新时代“三农”工作总抓手》（2018 年 9 月 21 日），《习近平谈治国理政》第三卷，外文出版社 2020 年版，第 257 页。
[2]《在江苏调研时的讲话》（2014 年 12 月 13 日—14 日），《习近平关于“三农”工作论述摘编》，中央文献出版社 2019 年版，第 32 页。
[3]《把乡村振兴战略作为新时代“三农”工作总抓手》（2018 年 9 月 21 日），《习近平谈治国理政》第三卷，外文出版社 2020 年版，第 255 页。

农村是承载城乡居民美好生活向往的重要空间。乡村不是城市的依附和从属，而是生态空间、文化传承、新消费载体等的多功能空间。对农村居民而言，乡村是其日出而作、日落而息的重要空间，是一个满足聚落—居住、生产—就业、交易—消费、交往—休闲等多样化需求的一体化空间；对城镇居民而言，农村乡土风情、田园风光令人向往，也是“望得见山、看得见水、记得住乡愁”的美丽家园。农村不仅是生产场所，更是生活场所，是承载居民生活功能的重要板块，是现代化的亮丽色彩。第三，乡村是生态文明建设不可或缺的重要部分。生态文明是现代化的重要标志与必由之路，农业农村在生态文明建设中扮演着重要角色。其中，农业是覆盖地球表面积最大的人类产业，不仅向人类供给赖以生存的食品，而且为人类提供清新的空气、优美的农作景观等生态产品；农村是生态涵养的主体区，我国山水林田湖等重要生态功能区绝大部分在农村，重视农村生态环境建设，提升农村生态系统、生产系统以及农村人居环境健康水平，不仅能够满足城市居民对绿水青山的生态需要，而且也是筑牢生态底线、推进美丽中国建设的应有之意。第四，乡村是传承中华优秀传统文化的主要载体。文化影响力是现代化强国的精神标志。中华文明根植于农耕文化，乡村是中华文明的基本载体。习近平总书记指出，乡村文明是中华民族文明史的主体，村庄是这种文明的载体，耕读文明是我们的软实力。[1] 千百年来，乡村

[1]《在中央城镇化工作会议上的讲话》（2013 年 12 月 12 日），《十八大以来重要文献选编》（上），中央文献出版社 2014 年版，第 605 页。

不仅是中国人的主要居住区域，还是礼仪发源地、传统伦理根基、情感归属载体。建设现代化强国，不能脱离了乡村这个载体，保护农业就是留存人类的农耕文明，留住乡愁就是赓续先贤前辈的集体记忆，振兴乡村就是守护生生不息的中华文化之根。

2018 年 9 月，在十九届中央政治局第八次集体学习时，习近平总书记指出，从世界各国现代化历史看，有的国家没有处理好工农关系、城乡关系，农业发展跟不上，农村发展跟不上，农产品供应不足，不能有效吸纳农村劳动力，大量失业农民涌向城市贫民窟，乡村和乡村经济走向凋敝，工业化和城镇化走入困境，甚至造成社会动荡，最终陷入“中等收入陷阱”。[1] 从世界各国现代化历史看，农业农村现代化是国家现代化的基础，直接关系到国家现代化的成败与成色。现代化不等于消灭乡村，现代化也绝不能简单等同于“非农化”，发达国家依然有大量的乡村区域，乡村本身并没有随着现代化进程而凋敝，反而生机盎然，透露着富庶和谐的气象，同时支撑着国家现代化进程。比如美国农业是其最具竞争力的优势产业之一，是支撑美国全球影响力的关键基础。反观那些忽视农业农村现代化的国家，不仅农业衰落、农村凋敝，也没能实现国家现代化。世界各国正反两方面的事例再次说明，乡村发展围绕农业农村现代化这个总目标具有很强的必要性与重要性。

[1]《把乡村振兴战略作为新时代“三农”工作总抓手》（2018 年 9 月 21 日），《习近平谈治国理政》第三卷，外文出版社 2020 年版，第 255 页。

（二）农业农村现代化是我国现代化进程中亟须补齐的短板

2018年9月，习近平总书记在十九届中央政治局第八次集体学习时指出，同快速推进的工业化、城镇化相比，我国农业农村发展步伐还跟不上，“一条腿长、一条腿短”问题比较突出。[1]改革开放以来，我国依靠农村劳动力、土地、资金等要素，快速推进工业化、城镇化，城镇面貌发生了翻天覆地的变化。但是，相比工业化、城镇化，当前我国农业农村基础差、底子薄、发展滞后的状况尚未根本改变，经济社会发展中最明显的短板仍然在“三农”，现代化建设中最薄弱的环节仍然是农业农村。主要表现在：农产品阶段性供过于求和供给不足并存，农村一二三产业融合发展深度不够，农业供给质量和效益亟待提高；农民适应生产力发展和市场竞争的能力不足，农村人才匮乏；农村基础设施建设仍然滞后，农村环境和生态问题比较突出，乡村发展整体水平亟待提升；农村民生领域欠账较多，城乡基本公共服务和收入水平差距仍然较大，脱贫攻坚任务依然艰巨；国家支农体系相对薄弱，农村金融改革任务繁重，城乡之间要素合理流动机制亟待健全；农村基层基础工作存在薄弱环节，乡村治理体系和治理能力亟待强化。我国发展最大的不平衡是城乡发展不平衡，最大的不充分是农村发展不充分。围绕农

[1]《把乡村振兴战略作为新时代“三农”工作总抓手》（2018年9月21日），《习近平谈治国理政》第三卷，外文出版社2020年版，第256页。

业农村现代化这个总目标，加快补齐国家现代化短板，十分迫切和重要。

（三）农业农村现代化总目标符合党的执政宗旨和社会主义的本质要求

习近平总书记指出，在现代化进程中，城的比重上升，乡的比重下降，是客观规律，但在我国拥有近 14 亿人口的国情下，不管工业化、城镇化进展到哪一步，农业都要发展，乡村都不会消亡，城乡将长期共生并存，这也是客观规律。即便我国城镇化率达到 70%，农村仍将有 4 亿多人口。如果在现代化进程中把农村 4 亿多人落下，到头来“一边是繁荣的城市、一边是凋敝的农村”，这不符合我们党的执政宗旨，也不符合社会主义的本质要求。[1] 党的十九大报告指出，必须始终把人民利益摆在至高无上的地位，让改革发展成果更多更公平惠及全体人民，朝着实现全体人民共同富裕目标不断迈进。我们要牢记亿万农民对革命、建设、改革作出的巨大贡献，把乡村建设好，让亿万农民有更多获得感，充分调动亿万农民的积极性、主动性、创造性。同时，我国社会主义的本质也要求实现共享发展与共同富裕，在国家现代化进程中绝不能落下农业、农村和农民。

[1]《把乡村振兴战略作为新时代“三农”工作总抓手》（2018 年 9 月 21 日），《习近平谈治国理政》第三卷，外文出版社 2020 年版，第 257 页。

二、明确新时代乡村振兴的战略步骤

2017年12月，习近平总书记在中央农村工作会议上指出，到2020年全面建成小康社会，最突出的短板在“三农”，必须打赢脱贫攻坚战、加快农业农村发展，让广大农民同全国人民一道迈入全面小康社会。到2035年基本实现社会主义现代化，大头重头在“三农”，必须向农村全面发展进步聚焦发力，推动农业农村农民与国家同步基本实现现代化。到2050年把我国建成富强民主文明和谐美丽的社会主义现代化强国，基础在“三农”，必须让亿万农民在共同富裕的道路上赶上来，让美丽乡村成为现代化强国的标志、美丽中国的底色。我们要加快补齐“三农”短板，夯实“三农”基础，确保“三农”在全面建成小康社会、全面建设社会主义现代化国家征程中不掉队。[1] 2017年中央农村工作会议对乡村振兴战略实施制定了“三步走”计划：第一步，到2020年乡村振兴取得重要进展，制度框架和政策体系基本形成；第二步，到2035年乡村振兴取得决定性进展，农业农村现代化基本实现；第三步，到2050年乡村全面振兴，农业强、农村美、农民富全面实现。习近平总书记的重要论述，确立了新时代乡村振兴的战略步骤，是“三

[1]《在中央农村工作会议上的讲话》（2017年12月28日），《习近平关于“三农”工作论述摘编》，中央文献出版社2019年版，第11页。

农”工作的重大战略谋划，具有深远的历史意义。

从时间路线看，乡村振兴“三步走”战略与决胜全面建成小康社会、分两个阶段实现第二个百年奋斗目标的战略安排有机衔接。第一步，乡村振兴战略的体制机制建立健全，决战决胜脱贫攻坚，产业发展、乡风文明、社会治理等成效初步显现，“三农”短板补齐，农业基础夯实，完成全面建成小康社会目标任务。第二步，乡村振兴战略体制机制进一步理顺，城乡要素流动障碍全面消除，以基本实现农业农村现代化支撑国家社会主义现代化建设。第三步，乡村振兴体制机制和政策日趋完善，城乡互补、全面融合、共同繁荣的新型工农城乡关系全面形成，以乡村全面振兴支撑富强民主文明和谐美丽的社会主义现代化强国建设。

从内容安排看，乡村振兴“三步走”战略体现了以循序渐进的原则布局长期历史性任务的科学精神。我国幅员辽阔，各地乡村状况千差万别，乡村建设发展比城镇相对滞后。乡村振兴作为国家战略，是关系国计民生的长期任务，必须积极作为、加大投入、久久为功，坚持不懈推进，同时，不能片面追求速度，大搞“运动式”建设，也不能搞“齐步走”、贪大求全，要保持历史耐心和战略定力，一茬接着一茬办、一年接着一年干，把握好工作节奏和工作方法。乡村振兴“三步走”战略，充分尊重了村庄发展演变的历史规律，准确把握了乡村振兴的长期性和复杂性，彰显了实事求是的科学态度。

从世界实践看，乡村振兴“三步走”战略具有开创性、融合性和系统性。开创性体现在，针对数亿人口规模的战略部署，这在世界上没有先例，特别是全国范围内实现所有贫困人口高质量脱贫，在世界范围内更是绝无仅有。融合性体现在，以城乡融合重塑新时期城乡关系，以产业融合发展促进乡村产业振兴，以自治、法治和德治融合实现乡村善治，以“三步走”战略实现各阶段历史任务的有机衔接，展现了中华传统文化“中和位育”的融合智慧。系统性体现在，乡村振兴涉及经济、政治、文化、社会、生态五大领域，是“五位一体”建设的系统集成，“三步走”战略将“五位一体”建设过程细分为三个前后衔接的步骤和具体路径，展现了从顶层设计到具体落实的全局性与系统性。

三、指明新时代乡村振兴的基本道路

2017年，习近平总书记在中央农村工作会议上指出走中国特色社会主义乡村振兴的“七个之路”，即走城乡融合发展之路、走共同富裕之路、走质量兴农之路、走乡村绿色发展之路、走乡村文化兴盛之路、走乡村善治之路、走中国特色减贫之路，揭示了实施乡村振兴战略的重大任务和内在规律，指明了我国乡村发展的基本道路，具有丰富的科学内涵。

»专栏 1-1

乡村振兴“七个之路”的主要内容

一是必须重塑城乡关系，走城乡融合发展之路。要坚持以工补农、以城带乡，把公共基础设施建设的重点放在农村，推动农村基础设施建设提挡升级，优先发展农村教育事业，促进农村劳动力转移就业和农民增收，加强农村社会保障体系建设，推进健康乡村建设，持续改善农村人居环境，逐步建立健全全民覆盖、普惠共享、城乡一体的基本公共服务体系，让符合条件的农业转移人口在城市落户定居，推动新型工业化、信息化、城镇化、农业现代化同步发展，加快形成工农互促、城乡互补、全面融合、共同繁荣的新型工农城乡关系。

二是必须巩固和完善农村基本经营制度，走共同富裕之路。要坚持农村土地集体所有，坚持家庭经营基础性地位，坚持稳定土地承包关系，壮大集体经济，建立符合市场经济要求的集体经济运行机制，确保集体资产保值增值，确保农民受益。

三是必须深化农业供给侧结构性改革，走质量兴农之路。坚持质量兴农、绿色兴农，实施质量兴农战略，加快推进农业由增产导向转向提质导向，夯实农业生产能力基础，确保国家粮食安全，构建农村一二三产业融合发展体系，积极培育新型农业经营主体，促进小农户和现代农业发展有机衔接，推进“互联网＋现代农业”，加快构建现代农业产业体系、生产体系、经营体系，不断提高农业创新力、竞争力和全要素生产率，加快实现由农业大国向农业强国转变。

四是必须坚持人与自然和谐共生，走乡村绿色发展之路。以绿色发展引领生态振兴，统筹山水林田湖草系统治理，加强农村突出环境问题综合治理，建立市场化多元化生态补偿机制，增加农业生态产品和服务供给，实现百姓富、生态美的统一。

五是必须传承发展提升农耕文明，走乡村文化兴盛之路。坚持物质文明和精神文明一齐抓，弘扬和践行社会主义核心价值观，加强农村思想道德建设，传承发展提升农村优秀传统文化，加强农村公共文化建设，开展移风易俗行动，提升农民精神风貌，培育文明乡风、良好家风、淳朴民风，不断提高乡村社会文明程度。

六是必须创新乡村治理体系，走乡村善治之路。建立健全党委领导、政府负责、社会协同、公众参与、法治保障的现代乡村社会治理体制，健全自治、法治、德治相结合的乡村治理体系，加强农村基层基础工作，加强农村基层党组织建设，深化村民自治实践，严肃查处侵犯农民利益的“微腐败”，建设平安乡村，确保乡村社会充满活力、和谐有序。

七是必须打好精准脱贫攻坚战，走中国特色减贫之路。坚持精准扶贫、精准脱贫，把提高脱贫质量放在首位，注重扶贫同扶志、扶智相结合，瞄准贫困人口精准帮扶，聚焦深度贫困地区集中发力，激发贫困人口内生动力，强化脱贫攻坚责任和监督，开展扶贫领域腐败和作风问题专项治理，采取更加有力的举措、更加集中的支持、更加精细的工作，坚决打好精准脱贫这场对全面建成小康社会具有决定意义的攻坚战。

资料来源：中央农村工作会议在北京举行 习近平作重要讲话［EB/OL］.（2017-12-29）［2020-08-08］.http://www.gov.cn/xinwen/2017-12/29/content_5251611.htm.

（一）重塑城乡关系，走城乡融合发展之路

城乡关系是经济社会关系中最重要的关系之一。正如马克思在《哲学的贫困》中所言，“城乡关系的面貌一改变，整个社会的面貌也

跟着改变”。国内外经验深刻揭示，促进城乡协调发展，是不可违背的客观规律，是现代化建设必须遵循的普遍准则。一些国家在工业化、城镇化进程中协调推进农业农村现代化，较快地迈入现代化国家行列，拉美、东欧部分国家在发展和转型过程中，没有处理好工农关系、城乡关系，导致经济停滞、社会动荡，现代化进程严重受阻。

我国作为一个拥有 14 亿人口的发展中大国，不管工业化、城镇化进展到哪一步，城乡将长期共生并存，协调好城乡关系始终是现代化建设中具有全局性和战略意义的重大课题。1949 年 3 月，毛泽东同志在党的七届二中全会上就曾经指出，城乡必须兼顾，必须使城市工作和乡村工作，使工人和农民，使工业和农业，紧密地联系起来。决不可以丢掉乡村，仅顾城市，如果这样想，那是完全错误的。[1] 当前我国城乡关系正在趋向平衡，为实现城乡融合提供了条件，但城乡关系尚未根本理顺，城乡差距仍然较大，融合发展依然存在不少挑战，突出表现在：城乡公共资源配置失衡，农村基础设施仍然落后于城市，城乡居民在教育、医疗、社会保障等领域所享受的公共服务水平差距较大；城乡要素自由流动和平等交换机制不健全，土地、劳动力、资本等要素在城乡间自由流动和平等交换尚未充分实现，城乡土地不同权、自由流转受限，居民在城乡间还不能自由迁徙，农民工工资和社会保障水平偏低，农村资

[1] 中国共产党第七届中央委员会第二次全体会议公报［EB/OL］.（2012-09-03）［2020-07-27］. http：//guoqing.china.com.cn/2012-09/03/content_26746088.htm.

金要素长期净流出；城乡居民收入差距尚未根本缩小，我国城乡居民人均可支配收入之比在 2007 年达到 3.14 的峰值后，近年来总体呈下降趋势，但城乡居民人均可支配收入绝对值的差距却仍在扩大（见图 1–1）。城镇和乡村是互促互进、共生共存的，面对上述问题，能否处理好城乡关系，关乎社会主义现代化建设全局，必须坚持以工补农、以城带乡，推动形成工农互促、城乡互补、全面融合、共同繁荣的新型工农城乡关系。

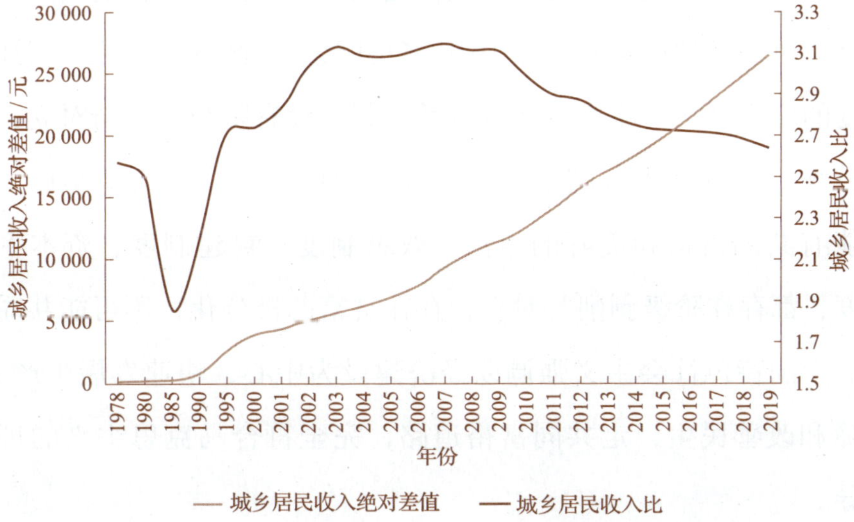

图 1–1　1978—2019 年城乡居民人均可支配收入绝对差与比值

资料来源：《中国统计摘要（2019）》，其中城乡居民收入分别为城镇居民人均可支配收入与农村居民人均可支配收入。

（二）巩固和完善农村基本经营制度，走共同富裕之路

共同富裕是新时代乡村发展的落脚点，具有丰富的现实意义，

是社会主义制度优势的集中体现。

一是走共同富裕之路是社会主义的本质要求。党的十八大报告指出，必须坚持走共同富裕的道路。共同富裕是中国特色社会主义的根本原则。共同富裕，是中国特色社会主义的重要内容和根本目的，是社会主义最本质的规定，是建设富强民主文明和谐美丽社会主义现代化国家的条件和要求。1992 年，邓小平同志在南方谈话中指出，社会主义的本质，是解放生产力，发展生产力，消灭剥削，消除两极分化，最终达到共同富裕。[1] 重视和强调走共同富裕道路，也是科学社会主义和中国特色社会主义区别于以往一切社会制度的应有之义。原始社会没有私有制，没有阶级剥削与对立，平均分配，没有收入分配上的不公平，但由于生产力极端落后，不可能有共同富裕和美好的生活。奴隶制度、封建制度、资本主义制度，都存在阶级剥削与对立，存在贫富两极分化，不可能共同富裕。中国特色社会主义强调以经济建设为中心，快速发展生产力，保障和改善民生，走共同富裕道路，完全符合马克思主义的理论指导。

二是走共同富裕之路是应对当前我国收入不平等问题的内在要求。当前我国城乡之间、农村内部之间收入分配差距明显较大，着力推动共同富裕，“让人民过上好生活”，防止两极分化，具有很

---

[1]《在武昌、深圳、珠海、上海等地的谈话要点》（1992 年 1 月 18 日—2 月 21 日），《邓小平文选》第三卷，人民出版社 1993 年版，第 373 页。

强的现实意义。党的十八届五中全会旗帜鲜明地提出，要坚持以人民为中心的发展思想，把增进人民福祉、促进人的全面发展、朝着共同富裕方向稳步前进作为经济发展的出发点和落脚点。这是我们部署经济工作、制定经济政策、推动经济发展必须牢牢坚持的根本立场。

（三）深化农业供给侧结构性改革，走质量兴农之路

一个国家农业强不强，归根到底要靠质量来衡量，做优品质是农业发展壮大的底气，走质量兴农之路对现代农业至关重要。

第一，走质量兴农之路是有效解决“人民日益增长的美好生活需要和不平衡不充分发展之间的矛盾”的必然要求。当前我国城乡居民收入水平持续上升，人均 GDP 已突破了 1 万美元历史大关，国民健康意识和环保理念日趋增强，城乡居民追求消费多样化、个性化、品质化、安全化的趋势更加突出，消费者对绿色有机农产品及加工品的需求日益增长，对休闲农业及乡村旅游、农村电商等服务的质量提出更高要求，要求我国必须转变农业发展方式，做优产品品质，提升产品质量。

第二，走质量兴农之路是加快实现农业大国向农业强国转变的应有之义。党的十八大以来，我国粮食产量已经连续多年稳定在 1.2 万亿斤以上，粮棉油糖等主要农产品彻底告别短缺，多数农产品产量稳居世界首位，成为名副其实的农业大国。但是，我国农业生产方式还较落后，拼资源、拼消耗的生产方式尚未根本扭转，农

业生产成本和产品市场价格偏高，国际竞争力偏弱。走质量兴农道路，主要依靠农业科技转变生产方式，全面提高农业全要素生产率，依靠提高农产品质量增强农业竞争力，促进乡村产业兴旺，最终实现农业强国目标。

（四）坚持人与自然和谐共生，走乡村绿色发展之路

绿色发展既是乡村振兴的内在要求，也是农业供给侧结构性改革的主攻方向，走乡村绿色发展之路是新时代中国共产党深刻把握现代化建设规律和城乡变化特征，顺应亿万农民对美好生活的向往，从党和国家事业全局出发作出的一项重大战略决策，具有深刻的哲学意蕴。

第一，走乡村绿色发展之路是践行人、自然与社会协同发展理念的必然要求。绿色发展立足于经济社会可持续发展，顺应、尊重和保护自然生态环境，达到人与自然、人与人、人与社会和谐相处的状态，是发展观的一场深刻革命。应该看到，良好的生态环境是农村的最大优势和宝贵财富，更好实施乡村振兴战略，必须以绿色发展为引领，坚持人与自然和谐共生，牢固树立和践行绿水青山就是金山银山的理念，尊重自然、顺应自然、保护自然，推动乡村自然资本加快增值，实现百姓富、生态美的统一。

第二，走乡村绿色发展之路是推动农业全面升级的重要方式。改革开放以来，我国农业快速发展，农业现代化水平稳步提升。但也要看到，在取得巨大成就的同时，农业自身发展越来越受到自然

资源和生态环境的约束，这就要求我们加快转变农业发展方式，尽快从主要追求产量和依赖资源消耗的粗放式发展，转到数量质量效益并重、注重提高竞争力、注重农业科技创新、注重可持续的集约式发展上来。

第三，走乡村绿色发展之路是促进农村全面进步的必要手段。目前，我国农村环境污染形势不容乐观，化肥农药使用超标、畜禽粪便处理不达标、农村小企业废气废水不达标排放，部分地区存在“污水治理靠蒸发、大气污染靠风刮”等问题，农村生态环境已经到了必须重视和抓紧治理的时候。对此，必须以绿色发展促乡村振兴，在加强农村突出环境问题综合整治、统筹山水林田湖草系统治理、保护和修复乡村生态、建设生态宜居的美丽乡村等方面下足功夫。

第四，走乡村绿色发展之路是实现农民生活品质全面提升的现实途径。农业农村的发展问题，归根结底是农民的发展问题，乡村振兴的主体是农民。以绿色发展引领乡村振兴，农民的绿色发展理念和生态保护意识得到加强、绿色生产技能不断提高、绿色生活习惯逐渐养成，农民的幸福感、获得感、安全感亦能切实提升。

（五）传承发展提升农耕文明，走乡村文化兴盛之路

乡村文明是中华民族文明史的主体，村庄是这种文明的载体，繁荣乡村文化具有深刻的现实内涵。

从弘扬中华传统文化的目标看，走乡村文化兴盛之路是弘扬中华传统文化的必经之路。习近平总书记指出，中华文明根植于农耕文明。从中国特色的农事节气，到大道自然、天人合一的生态伦理；从各具特色的宅院村落，到巧夺天工的农业景观；从乡土气息的节庆活动，到丰富多彩的民间艺术；从耕读传家、父慈子孝的祖传家训，到邻里守望、诚信重礼的乡风民俗，等等，都是中华文化的鲜明标签，都承载着华夏文明生生不息的基因密码，彰显着中华民族的思想智慧和精神追求。[1] 传承发展和提升农耕文明，走乡村文化兴盛之路，就是以繁荣乡村文化弘扬中华民族文明。

从解决当前乡村文化建设问题看，走乡村文化兴盛之路是提振农村精气神、增强农民凝聚力、孕育社会好风尚的重要途径。近年来，农民群众物质生活水平不断提高，同时在社会转型快速发展过程中，出现了个别农民社会责任感、公德意识淡化，与家人感情淡漠，家庭观念淡化，不养父母、不管子女、不守婚则、不睦邻里的现象，家庭的稳定性不断被削弱。为此，必须以社会主义核心价值观为引领，深化中国特色社会主义和中国梦的宣传教育，坚持教育引导、实践养成、制度保障三管齐下，深入挖掘农耕文化蕴含的“天时、地利、人和”等优秀思想观念、人文精神、道德规范，

[1]《走中国特色社会主义乡村振兴道路》(2017 年 12 月 28 日)，《习近平关于“三农”工作论述摘编》，中央文献出版社 2019 年版，第 124 页。

采取活态保护的方式，推动农业文化遗产等的合理适度利用，采取符合农村特点的方式宣传和引导，强化农民的社会责任意识、集体意识、规则意识、主人翁意识，让广大农民知道幸福是靠奋斗得来的，让思想道德建设为农村物质文明和精神文明的发展提供动力。

（六）创新乡村治理体系，走乡村善治之路

2013年，习近平总书记在中央农村工作会议上指出，农村社会管理面临的突出矛盾和问题主要有：一是许多农村出现村庄空心化、农民老龄化现象。二是农村利益主体、社会阶层日趋多元化，各类组织活动和诉求明显增多。三是农村教育、文化、医疗卫生、社会保障等社会事业发展滞后，基础设施不完善，人居环境不适应。四是农村治安状况不容乐观，一些地方违法犯罪活动仍然不少，黑恶势力活动时有发生，邪教和利用宗教进行非法活动仍然较多存在。五是一些地方干群关系紧张，侵害农民合法权益的事件仍时有发生。一些地方基层民主管理制度不健全，农村基层党组织软弱涣散，公共管理和社会服务能力不强。这些都对农村社会管理提出了新要求。[1]

乡村治，天下安。乡村治理是实施乡村振兴战略的重要内容，

---

[1]《在中央农村工作会议上的讲话》（2013年12月23日），《十八大以来重要文献选编》（上），中央文献出版社2014年版，第680-681页。

也是推进国家治理体系和治理能力现代化的重要方面，创新乡村治理体系，走乡村善治之路具有重要意义。村是中国的根脉，是国家大厦的基础。乡村的重要性，不仅体现在农村常住人口数量依然庞大，还在于2.9亿农民工以及众多城市户籍人口依然与乡村有着割舍不断的血缘亲缘地缘联系。乡村治理的重要性，不仅在于要满足亿万农民的权利诉求和利益期待，还在于乡村社会结构的复杂性和独特性，及其对全社会稳定的压舱石作用。需要看到的是，走乡村善治之路具有极度紧迫性。面对我国乡村基层治理存在的新问题与新诉求，走乡村善治之路，健全自治、法治、德治相结合的乡村治理体系，任务十分迫切。

（七）打好精准脱贫攻坚战，走中国特色减贫之路

2017年中央农村工作会议聚焦乡村振兴战略，把打好精准脱贫攻坚战作为2018年及今后一个时期实施乡村振兴战略的重点工作之一，明确提出要走中国特色减贫之路，对于打赢脱贫攻坚战具有极其重要的指导意义。中国特色减贫之路是对改革开放40多年来扶贫工作实践的总结与提升，经验弥足珍贵，习近平总书记对此有过准确的总结与阐释：一是坚持党的领导，强化组织保证；二是坚持精准方略，提高脱贫实效；三是坚持加大投入，强化资金支持；四是坚持社会动员，凝聚各方力量；五是坚持从严要求，促进

真抓实干；六是坚持群众主体，激发内生动力。[1] 总体看，中国特色减贫之路以贫困人口脱贫为目标，以开发式扶贫为手段，以激发贫困群体内生动力为根本，综合实施产业扶贫、易地搬迁、教育培训、健康、科技、基础设施等多种模式的扶贫措施，创造了我国减贫史上最好成绩，谱写了人类反贫困历史新篇章。

---

[1]《在打好精准脱贫攻坚战座谈会上的讲话》（2018 年 2 月 12 日），《习近平关于“三农”工作论述摘编》，中央文献出版社 2019 年版，第 177–178 页。

▌第四节▐

解决好“三农”问题的新举措

一、脱贫攻坚新方略

（一）困扰中华民族几千年的绝对贫困问题即将解决

自古以来，中华民族就有大同世界的梦想，但在战乱频仍，社会动荡，“兴，百姓苦；亡，百姓苦”的古代中国，世界大同、百姓安康只能是美好的憧憬。近代以来，中国一度沦为半殖民地半封建国家，西方列强的侵略和国内局势的动荡让广大人民陷入极端贫困。新中国成立后，经济社会快速恢复发展，但贫困人口仍然多达数亿人。改革开放后，我国经济社会持续较快发展，贫困人口数量大大减少，但仍有不少人口受地理空间、资源条件等限制处于贫困状态。按照现行农村贫困标准计算，2012 年末我国有 9 899 万贫困人口，迫切需要进一步创新扶贫工作，彻底解决贫困问题。党的十八大以来，习近平总书记带领全国人民深入推进脱贫攻坚，取得了重大决定性成就。2019 年底，农村贫困人口减少到 551 万人，连续 7 年每年脱贫人数在 1 000 万人以上，贫困发生率从 10.2% 下降到 0.6%，减少了 9.6 个百分点。到 2020 年底，现行标准下农村贫困人口将全部实现脱贫，贫困县全部摘帽，绝对贫困和区域性整体贫困问题将得到历史性解决。

（二）为全球减贫事业贡献了中国智慧和行动方案

解决绝对贫困是社会主义本质要求，也是中国共产党的重要使命和历史责任。以毛泽东同志为主要代表的中国共产党人坚持马克思主义反贫困理论，将解决贫困问题与社会主义制度相结合，为解决绝对贫困问题提供了制度性保障。以邓小平同志为主要代表的中国共产党人系统地阐述了社会主义初级阶段贫困的根源、贫困治理的双重底线，创造性地回答了贫困治理的路径选择。以江泽民同志为主要代表的中国共产党人从国家发展角度、政治高度审视贫困问题，坚持开发式扶贫，顺利完成“八七”扶贫攻坚计划，实现了由“输血式”扶贫向“造血式”扶贫的转变。以胡锦涛同志为主要代表的中国共产党人坚持科学发展观、社会主义和谐社会和“以人为本”“三位一体”的扶贫模式。习近平总书记针对近亿贫困人口的突出问题和脱贫攻坚中的深层次矛盾，从治国理政高度谋划部署扶贫减贫工作，形成了“坚持党的领导，强化组织保证；坚持精准方略，提高脱贫实效；坚持加大投入，强化资金支持；坚持社会动员，凝聚各方力量；坚持从严要求，促进真抓实干；坚持群众主体，激发内生动力”的扶贫工作重要论述，是运用马克思主义的立场、观点和方法解决中国扶贫工作的成功典范，开创了马克思主义反贫困理论中国化新境界，是中国脱贫攻坚最新实践智慧的结晶，创造了历史性解决绝对贫困问题的新模式、新路径，是对中国特色扶贫开发工作的创新性贡献。

消除贫困依然是当今世界面临的最大挑战。为促进全球减贫事业，2000年联合国制定了千年发展目标，2015年联合国发展峰会制定了2015年后发展议程。但当今世界仍然有7亿多人口生活在极端贫困之中，实现全球减贫目标依然任重道远。习近平总书记关于扶贫工作的重要论述，作为中国脱贫减贫宝贵经验的系统总结，为全世界贫困地区消除贫困提供了可借鉴、可复制的中国方案，是解决全球性绝对贫困的航标灯。联合国秘书长古特雷斯在2017年减贫与发展高层论坛贺信中称赞，精准减贫方略是帮助贫困人口实现《2030年可持续发展议程》宏伟目标的唯一途径。

二、国家粮食安全新战略

在2013年中央农村工作会议上，习近平总书记对新时期国家粮食安全战略进行系统阐述，对中国特色粮食安全道路作出深刻阐释，形成了“以我为主、立足国内、确保产能、适度进口、科技支撑”的国家粮食安全战略。在战略基点方面，习近平总书记强调，中国人的饭碗任何时候都要牢牢端在自己手上。我们的饭碗应该主要装中国粮。立足国内基本解决我国人民吃饭问题，是由我们的基本国情决定的，也是我们一以贯之的大政方针。[1] 习近平总书记的重要论述，进一步强调了确保国家粮食安全的极端重要性，明确了粮食安全工作的目标任务，对于我国这样一个拥有 14 亿人口的发展中大国来说，确保国家粮食安全的弦任何时候都不能放松。在战略底线方面，习近平总书记强调，保障国家粮食安全的根本在耕地，耕地是粮食生产的命根子。十八亿亩耕地红线仍然必须坚守，集中力量首先把最基本最重要的保住，确保谷物基本自给、口粮绝对安全。[2] 习近平总书记的重要论述，进一步明确了严格保护耕地、确保粮食安全的工作底线，同时，立足我国人多地少的资源禀赋，强调合理配置资源，集中力量确保重点品种供给安全。在战略要求方面，习近平总书记强调，要坚持数量质量并重，在保障数量供给的同时，更加注重农产品质量和食品安全。[3] 习近平总书记

---

[1]《在中央农村工作会议上的讲话》(2013 年 12 月 23 日)，《十八大以来重要文献选编》(上)，中央文献出版社 2014 年版，第 660–661 页。

[2]《在中央农村工作会议上的讲话》(2013 年 12 月 23 日)，《十八大以来重要文献选编》(上)，中央文献出版社 2014 年版，第 662–663 页。

[3]《在中央经济工作会议上的讲话》(2013 年 12 月 10 日)，《习近平关于“三农”工作论述摘编》，中央文献出版社 2019 年版，第 68 页。

的重要论述，指明了粮食安全工作的方向目标，既要持续提升粮食产能，又要推进农业供给侧结构性改革，不断满足人民群众日益增长的美好生活需要。在战略路径方面，习近平总书记指出，要严守耕地红线，推动藏粮于地、藏粮于技战略加快落地，保护和提高粮食综合生产能力，防止粮食生产出现大的滑坡。[1] 习近平总书记的重要论述，明确了保障国家粮食安全的基本方针和有效途径，是提升粮食生产能力、保障有效供给的关键举措，构筑了新时期国家粮食安全战略的核心，从顶层设计到实践操作进行了系统谋划和全面布局，是抓好新时期国家粮食安全工作的行动指南。

三、城乡融合发展新思路

（一）我国进入城乡融合发展的新阶段

我国城乡关系的发展历程是从城乡二元体制向一体化发展逐步演进的过程。1949 年至改革开放前，为快速实现国家工业化目标，国家通过一系列制度安排，逐步建立起城乡二元分割体制，为工业发展提供原始积累。1978 年至 20 世纪末，国家通过深化改革，逐步打破了城乡二元经济体制，城乡关系得到改善。21 世纪初至党

---

[1]《关于深化供给侧结构性改革》（2016 年 12 月 14 日），《习近平关于“三农”工作论述摘编》，中央文献出版社 2019 年版，第 86 页。

的十八大前，随着社会主义新农村建设持续推进，统筹城乡发展从经济领域向社会领域扩展。党的十八大以来，在习近平总书记关于实施乡村振兴战略重要论述的指引下，适应我国经济社会发展内外部环境的深刻变化，从体制机制、制度政策等方面全面重塑城乡关系，构建工农互促、城乡互补、全面融合、共同繁荣的新型工农城乡关系，推动城乡关系进入融合发展新阶段。

（二）城乡融合发展的思想指南和行动纲领

习近平总书记站在全局和战略高度，从统筹城乡经济社会发展的战略层面提出重塑城乡关系的新理念。2015 年 4 月，习近平总书记在十八届中央政治局第二十二次集体学习时指出，当前，我国经济实力和综合国力显著增强，具备了支撑城乡发展一体化物质技术条件，到了工业反哺农业、城市支持农村的发展阶段。[1] 习近平总书记的科学论断，顺应了我国城乡关系发展的新要求，深刻揭示了现代化进程中城乡关系变迁的一般规律。2017 年 12 月，习近平总书记进一步强调，现阶段，城乡差距大最直观的是基础设施和公共服务差距大。要把公共基础设施建设的重点放在农村，推进城乡基础设施共建共享、互联互通。要加快推动公共服务下乡，逐步建立健全全民覆盖、普惠共享、城乡一体的基本公共服

[1]《在十八届中央政治局第二十二次集体学习时的讲话》（2015 年 4 月 30 日），《习近平关于“三农”工作论述摘编》，中央文献出版社 2019 年版，第 34 页。

务体系。[1] 习近平总书记的重要论述进一步强调了在公共资源配置上落实农业农村优先的方针，明确了新时期处理好城乡关系的工作重点和目标。随着我国进入工业化后期、城镇化后半程，城乡关系也进入了重塑再造的新阶段，习近平总书记的重要论述，不仅在实践和工作层面回答了如何解决城乡发展不平衡、农村发展不充分的现实问题，也在理论和战略层面提出了城乡融合发展的新理念。

四、美丽乡村新行动

（一）开启美丽乡村建设的新纪元

受经济实力和资金投入不足等多种因素影响，在很长一段时间，农村地区脏乱差的问题比较严重，基础设施建设比较滞后。1978 年，全国农村公路里程只有 58.6 万公里，农村生活垃圾和污水不经处理直接排放，几乎没有卫生厕所，能源基本依靠薪柴和煤炭，住房以砖瓦房为主。随着农民收入水平的提高和新农村建设的推进，农村面貌有了较大改善，但是由于历史欠账较多，城乡基础设施差距依然巨大。党的十八大以来，在习近平总书记关于美丽乡村建设重要论述的指引下，全国实施农村人居环境整治三年行动计划，推广浙江“千村示

[1]《走中国特色社会主义乡村振兴道路》（2017 年 12 月 28 日），《习近平关于“三农”工作论述摘编》，中央文献出版社 2019 年版，第 40 页。

范、万村整治”工程经验，扎实推进“厕所革命”和“四好农村路”建设，新一轮农村电网加快升级改造，自来水普及率不断提高，美丽乡村建设取得巨大成绩，涌现出一大批生态宜居美丽乡村。

（二）绘就生态宜居的美丽乡村新蓝图

习近平同志在浙江工作期间就提出了绿水青山就是金山银山的科学论断，深刻揭示了乡村经济社会发展和生态环境保护的辩证关系。2015 年，习近平总书记指出，新农村建设一定要走符合农村实际的路子，遵循乡村自身发展规律，充分体现农村特点，注意乡土味道，保留乡村风貌，留得住青山绿水，记得住乡愁。[1] 习近平总书记的重要论述，明确了美丽乡村建设的原则方针，描绘了生态宜居乡村的美好景象。2017 年，习近平总书记指出，厕所问题不是小事情，直接关系农民群众生活品质，要把它作为实施乡村振兴战略的一项具体工作来推进，不断抓出成效。[2] 习近平总书记对“厕所革命”的高度重视，彰显了为人民服务的宗旨意识和解决实际问题的务实作风。同年，习近平总书记对“四好农村路”建设作出重要指示，要求从实施乡村振兴战略、打赢脱贫攻坚战的高度，进一步深化对建设农村公路重要意义的认识，聚焦突出问题，完善

[1]《在云南考察工作时的讲话》（2015 年 1 月 19 日—21 日），《习近平关于“三农”工作论述摘编》，中央文献出版社 2019 年版，第 122 页。

[2]《走中国特色社会主义乡村振兴道路》（2017 年 12 月 28 日），《习近平关于“三农”工作论述摘编》，中央文献出版社 2019 年版，第 114 页。

政策机制，既要把农村公路建好，更要管好、护好、运营好，为广大农民致富奔小康、为加快推进农业农村现代化提供更好保障。[1] 习近平总书记的重要指示，把解决农村“出行难”问题作为强化乡村振兴和扶贫攻坚的重要抓手，指明了工作方向和具体路径。2018年，习近平总书记对“千村示范、万村整治”工程作出重要指示，要求结合实施农村人居环境整治三年行动计划和乡村振兴战略，进一步推广浙江好的经验做法，因地制宜、精准施策，不搞“政绩工程”、“形象工程”，一件事情接着一件事情办，一年接着一年干，建设好生态宜居的美丽乡村，让广大农民在乡村振兴中有更多获得感、幸福感。[2] 习近平总书记的重要论述，指出了加快推进美丽乡村建设的方法举措，是新时期生态宜居乡村建设的行动纲领。

五、发展壮大农村集体经济新路径

（一）农村集体经济发展进入新时期

习近平总书记高度重视发展新型农村集体经济。农村集体经济

[1]《习近平对“四好农村路”建设作出重要指示 强调把农村公路建好管好护好运营好 为广大农民致富奔小康 加快推进农业农村现代化提供更好保障》，《人民日报》2017 年 12 月 26 日。

[2]《就建设好生态宜居的美丽乡村作出的指示》（2018 年 4 月），《习近平关于“三农”工作论述摘编》，中央文献出版社 2019 年版，第 115–116 页。

是提高农民组织化程度的重要载体，是坚持和完善统分结合的双层经营体制的重要基础。改革开放后，农村集体经济发展日趋滞后，经营领域逐步缩小，经济收入持续减少，2018 年集体经济经营收入为零的行政村占比高达 35.8%。在农村缺人才、缺技术、缺资金、缺管理经验的背景下，农村集体经济发展面临前所未有的巨大挑战。党的十八大以来，我国深入推进农村集体产权制度改革，推动农村集体经济进入增强活力的创新发展时期，农村集体经济“空壳村”的数量和占比开始逐步下降，农村集体经济的市场竞争能力和带动农民增收能力明显增强。

（二）指明农村集体经济振兴之路

1990 年，习近平同志在福建工作时就充分肯定了集体经济的重要作用，指出发展集体经济是实现共同致富的重要保证，是振兴贫困地区农业的必由之路，是促进农村商品经济发展的推动力，是农村精神文明建设的坚强后盾。[1] 2014 年，在中央全面深化改革领导小组第五次会议上，习近平总书记强调，要建立符合市场经济要求的农村集体经济运营新机制，探索集体所有制有效实现形式，发展壮大集体经济。[2] 2019 年 3 月，习近平总书记在参加十三届全国人

---

[1]《扶贫要注意增强乡村两级集体经济实力》（1990 年 4 月），《摆脱贫困》，福建人民出版社 1992 年版，第 193 页。

[2]《在中央全面深化改革领导小组第五次会议上的讲话》（2014 年 9 月 29 日），《习近平关于“三农”工作论述摘编》，中央文献出版社 2019 年版，第 144 页。

大二次会议河南代表团审议时，进一步指出建立健全集体资产各项管理制度，完善农村集体产权权能，发展壮大新型集体经济。[1] 习近平总书记的重要论述为新时期如何发展壮大农村集体经济指明了方向，指出了以共同富裕为目标，走更高质量、更有效益、更加公平、更可持续、符合市场经济要求的新型农村集体经济发展道路，为重振农村集体经济雄风、重塑乡村经济形态提供了新思路和新路径。

六、乡村治理新方向

（一）全面开展乡村治理

乡村治理是国家治理体系的重要组成部分，是实现乡村振兴战略的基石。改革开放以来，我国农村利益多元化日趋凸显，道德观念从“乡土伦理”向“市场伦理”演变，传统乡村治理理念、治理方式、治理手段不适应形势变化，农村公共事务治理面临严峻挑战，尤其是农村税费减免后，农村治理长期倚重的乡镇基层政府及农村党组织作用不断弱化，农村基层组织动员能力不断下降。党的十八大以来，各地各有关部门持续加强和改进乡村治理，以党组织为核心的农村基层组织建设得到明显加强，乡村治理内容逐步充

[1] 习近平总书记参加十三届全国人大二次会议河南代表团审议时的讲话（2019 年 3 月 8 日），《人民日报》2019 年 3 月 9 日。

实，乡村治理手段不断创新，乡村治理体系进一步完善，农村基本公共服务显著改善，农村社会保持和谐稳定。

（二）加快推进乡村治理体系和治理能力现代化

加强和创新乡村治理是确保农村社会稳定有序的重要工作。2017 年，习近平总书记在中央农村工作会议上指出，要加强和创新乡村治理，建立健全党委领导、政府负责、社会协同、公众参与、法治保障的现代乡村社会治理体制，健全自治、法治、德治相结合的乡村治理体系，让农村社会既充满活力又和谐有序。[1] 2019 年 3 月，习近平总书记在参加十三届全国人大二次会议河南代表团审议时指出，要夯实乡村治理这个根基。采取切实有效措施，强化农村基层党组织领导作用，选好配强农村党组织书记，整顿软弱涣散村党组织，深化村民自治实践，加强村级权力有效监督。[2] 习近平总书记的重要论述，指明了推动乡村治理体系和治理能力现代化的目标方向和方法路径，强调了加强农村党组织建设的重要性，开创性推动了新时期乡村治理工作，是国家治理体系和治理能力现代化的重要成果。

---

[1]《走中国特色社会主义乡村振兴道路》（2017 年 12 月 28 日），《习近平关于“三农”工作论述摘编》，中央文献出版社 2019 年版，第 135 页。

[2] 习近平总书记参加十三届全国人大二次会议河南代表团审议时的讲话（2019 年 3 月 8 日），《人民日报》2019 年 3 月 9 日。

第二章

学习贯彻习近平总书记关于实施乡村振兴战略重要论述的深刻体会

习近平总书记在党的十九大报告中对乡村振兴战略进行了深刻阐述，提出要坚持农业农村优先发展，按照产业兴旺、生态宜居、乡风文明、治理有效、生活富裕的总要求，建立健全城乡融合发展体制机制和政策体系，加快推进农业农村现代化。这其中，农业农村现代化是实施乡村振兴战略的总目标，坚持农业农村优先发展是总方针，产业兴旺、生态宜居、乡风文明、治理有效、生活富裕是总要求，建立健全城乡融合发展体制机制和政策体系是制度保障。

第一节

农业农村现代化是实施乡村振兴战略的总目标

习近平总书记从现代化建设全局出发，对“三农”工作取得的成就、存在的短板进行了辩证深入的分析，指出农业农村现代化是实施乡村振兴战略的总目标，新时代“三农”工作必须围绕农业农村现代化这个总目标来推进。[1]

过去几十年，无论是纵向历史比较，还是横向国际比较，我国农业现代化均取得长足进步，成就显著。但从全面建设社会主义现代化大局看，农业还是“四化同步”的短腿，农村还是全面建成小康社会的短板，农业农村现代化还有很大的发展空间。没有农业农

[1]《把乡村振兴战略作为新时代“三农”工作总抓手》（2018 年 9 月 21 日），《习近平谈治国理政》第三卷，外文出版社 2020 年版，第 257 页。

村现代化，就没有整个国家的现代化，加快推动农业农村现代化，能够为整个国家现代化提供坚实支撑和强大动力。党的十九大作出了决胜全面建成小康社会、分两个阶段实现第二个百年奋斗目标的战略安排。实施乡村振兴战略，要深入学习贯彻习近平新时代中国特色社会主义思想，从实现“两个一百年”奋斗目标全局出发，让亿万农民平等参与现代化进程、共同分享现代化成果，确保“三农”跟上全面建成小康社会、全面建设社会主义现代化国家新征程的步伐。

一、实现农业现代化

2014 年，习近平总书记在江苏调研时强调，没有农业现代化，没有农村繁荣富强，没有农民安居乐业，国家现代化是不完整、不全面、不牢固的。我国现代化同西方发达国家有很大不同。西方发达国家是一个“串联式”的发展过程，工业化、城镇化、农业现代化、信息化依次发展，用了二百多年时间。要后来居上，决定了我国发展必然选择工业化、信息化、城镇化、农业现代化叠加发展的“并联模式”。农业是全面建成小康社会、实现现代化的基础，是稳民心、安天下的战略产业。农业的根本出路在于现代化，农业现代化是我国现代化的基础和支撑，也是我国农业发展的方向。

实现农业现代化，是我国农业发展的重要目标。当前，我国农业主要矛盾已经由总量不足转变为结构性矛盾，主要表现为阶段性、结构性的供过于求和供给不足并存。推动农业现代化，就是要坚持质量兴农、品牌强农，深化农业供给侧结构性改革，推动农业发展质量变革、效率变革、动力变革，加快实现由农业大国向农业强国转变。到2020年，农业综合生产能力稳步提升，农业供给体系质量明显提高，农村一二三产业融合发展水平进一步提升；到2035年，农业结构得到根本性改善；到2050年，“农业强”目标实现，农业全面升级，成为有奔头的产业。

实现农业现代化，需要加快构建现代农业产业体系、生产体系、经营体系。现代农业产业体系是产业横向拓展和纵向延伸的有机统一，重点解决农业资源要素配置和农产品供给效率问题，是现代农业整体素质和竞争力的显著标志。构建现代农业产业体系，就是通过优化调整农业结构，充分发挥各地资源比较优势，促进粮经饲统筹、农牧渔结合、种养加一体、一二三产业融合发展，延长产业链、提升价值链，提高农业的经济效益、生态效益和社会效益，促进农业产业转型升级。现代农业生产体系是先进生产手段和生产技术的有机结合，重点解决农业的发展动力和生产效率问题，是现代农业生产力发展水平的显著标志。构建现代农业生产体系，就是用现代物质装备武装农业，用现代科学技术服务农业，用现代生产方式改造农业，转变农业要素投入方式，推进农业发展从拼资源、高消耗转到依靠科技创新和提高劳动者素质上来，提高农业资源利用率、土地产出率和劳动生产率，增强农业综合生产能力和抗风险能力，从根本上改变农业发展依靠人力畜力、“靠天吃饭”的局面。

现代农业经营体系是现代农业经营主体、组织方式、服务模式的有机组合，重点是解决“谁来种地”和经营效益问题，是现代农业组织化程度的显著标志。构建现代农业经营体系，就是加大体制机制创新力度，培育规模化经营主体和服务主体，加快构建职业农民队伍，形成一支高素质农业生产经营者队伍，促进不同主体之间的联合与合作，发展多种形式的适度规模经营，提高农业经营集约化、组织化、规模化、社会化、产业化水平。

二、建设现代化农村

习近平总书记指出，农村现代化既包括“物”的现代化，也包括“人”的现代化，还包括乡村治理体系和治理能力的现代化。我们要坚持农业现代化和农村现代化一体设计、一并推进，实现农业大国向农业强国跨越。[1]近年来，我国农业现代化建设取得长足进步，主要农产品人均占有量均超过世界平均水平，农产品供给丰富，农业现代化已进入全面推进、重点突破、梯次实现的新时期。与农业现代化发展形成鲜明对比的是，农村发展滞后问题日益凸显，农村基础设施建设短板较多，农村环境和生态问题比较突出，农村民生领域欠账较多，城乡基本公共服务差距仍然较大，农村基

[1]《把乡村振兴战略作为新时代“三农”工作总抓手》（2018 年 9 月 21 日），《习近平谈治国理政》第三卷，外文出版社 2020 年版，第 258 页。

层基础工作存在薄弱环节，乡村治理体系和治理能力亟待强化，乡村发展整体水平亟待提升。

世界现代化进程表明，农业现代化和农村现代化是一个整体，必须统筹推进农业现代化和农村现代化。农业现代化是农村现代化的基础，为农村现代化提供产业基础和物质保障；农村现代化是农业现代化的依托，是集聚劳动力、土地、资金等实现农业现代化所必需要素的空间载体。仅有农业现代化水平的提升，缺乏农村现代化的支撑，或者农村现代化严重滞后于农业现代化，都容易导致大量农民被迫离开土地和家乡无序涌入城市，乡村和乡村经济走向凋敝，工业化和城镇化走入困境，产生城市贫民窟和两极分化等社会问题，甚至造成社会动荡。

建设现代化农村，就是按照抓重点、补短板、强弱项的要求，推进乡村绿色发展、打造人与自然和谐共生发展新格局，繁荣兴盛农村文化、焕发乡风文明新气象，加强农村基层基础工作、构建乡村治理新体系，提高农村民生保障水平、塑造美丽乡村新风貌，让农村既充满活力又和谐有序，不断满足广大农民群众日益增长的美好生活需要。到 2020 年，农村人居环境明显改善，美丽宜居乡村建设扎实推进，农村生态环境明显好转，农业生态服务能力进一步提高，乡村治理体系进一步完善。到 2035 年，城乡基本公共服务均等化基本实现，乡风文明达到新高度，乡村治理体系更加完善，农村生态环境根本好转，美丽宜居乡村基本实现。到 2050 年，“农村美”目标实现，农村全面进步，成为安居乐业的美丽家园。

三、培育高素质农民

习近平总书记强调，要提高农民素质，培养造就新型农民队伍。把培养青年农民纳入国家实用人才培养计划，确保农业后继有人。[1] 现代农业要有高素质的农民队伍、高素质的农业种养人才和经营管理人才，这是现代农业的前提和基础，也是发展现代农业的关键和要求。随着工业化、城镇化的快速发展，越来越多的农村劳动力特别是青壮年劳动力转移到农业农村以外就业，农村劳动力老龄化、受教育程度低的现象愈发明显。据第三次全国农业普查统计，2016 年末，全国农业生产经营人员中，年龄在 35 岁及以下的仅占 19.2%，高中及以上文化程度的仅占 8.3%。2019 年，我国农业劳动生产率为 3.6 万元 / 人，仍然处于较低水平，仅相当于第二产业的 1/8、第三产业的 1/4、世界平均水平的 1/2，支撑现代农业发展的各类人才青黄不接，农民科技文化水平不高，接受应用新技术新知识的能力不强。目前，我国仍处于人口由乡村向城市集中的阶段，农村人口继续呈现外流趋势，推进农业现代化特别是农业规模化、集约化、专业化发展，迫切需要提高农民综合素质和技能水平。

党的十八大以来，各地以乡村人才振兴为统领，持续深入开展

---

[1]《在中央农村工作会议上的讲话》（2013 年 12 月 23 日），《十八大以来重要文献选编》（上），中央文献出版社 2014 年版，第 679 页。

农民教育培训工作，加快培养高素质农民队伍，为实施乡村振兴战略、加快推进农业农村现代化提供了强有力的人才支撑。2018年底，高素质农民队伍中高中及以上文化程度的占31.1%，比第三次全国农业普查农业生产经营人员中同等文化程度人员高出22.8个百分点，其中35岁及以下的占16.8%，35岁至54岁的占72.11%。高素质农民人均农业经营纯收入达到每年3.13万元，相当于同期城镇居民人均可支配收入的80%，是农村居民人均可支配收入的2.16倍。

培育高素质农民，需要以促进现代农业高质量发展为导向，以提升农民理念知识技能需求为核心，以提高培育质量效能为关键，瞄准经营管理型、专业生产型和技能服务型等三大类型，加快形成和完善促进高素质农民全面发展的政策体系，推进农民培训提质增效、促进高素质农民学历提升、拓展高素质农民发展路径，加快培养有文化、懂技术、善经营、会管理的高素质农民，让他们能够获得稳定的、不断增长的收入，得到平等的社会保障，赢得应有的尊严和尊重。到2020年，农民增收渠道进一步拓宽，城乡居民生活水平差距持续缩小；到2035年，农民就业质量显著提高，相对贫困进一步缓解，共同富裕迈出坚实步伐；到2050年，“农民富”目标实现，农民全面发展，成为有吸引力的职业。

第二节

坚持农业农村优先发展是实施乡村振兴战略的总方针

党的十九大报告首次提出坚持农业农村优先发展，把农业农村工作摆在党和国家工作全局的优先位置。在 2017 年底召开的中央农村工作会议上，习近平总书记深刻阐述了坚持农业农村优先发展的重大意义和科学内涵，提出了“在干部配备上优先考虑，在要素配置上优先满足，在资金投入上优先保障，在公共服务上优先安排”的明确要求。在 2018 年 9 月十九届中央政治局第八次集体学习时，习近平总书记明确提出坚持农业农村优先发展是实施乡村振兴战略的总方针。坚持农业农村优先发展，是党中央从解决城乡发展不平衡、乡村发展不充分矛盾出发提出的重大方针，体现了党中央对工农城乡关系深刻变化的科学把握，彰显了农业农村的战略定位。贯彻落实习近平总书记的重要论述，要牢固树立农业农村优先发展的政策导向，把“四个优先”要求落到具体制度设计、政策制定、财政投入和工作重点摆布上，建立健全与优先发展相配套的工作推动机制和政绩考核指标体系，加快补齐农业农村短板，激发农业农村发展活力。

一、在干部配备上优先考虑

习近平总书记强调，党委和政府一把手是第一责任人，五级书记抓乡村振兴。实施乡村振兴战略，迫切需要造就一支懂农业、爱农村、爱农民的农村工作队伍。[1] 党管农村，是做好“三农”工作的重要政治优势。坚持农业农村优先发展，必须全面加强党对“三农”工作的集中统一领导，特别是在干部配备上优先考虑“三农”事业需要。这就要求各级党委和政府主要领导干部要懂“三农”工作、会抓“三农”工作，分管领导要真正成为“三农”工作的行家里手，通过选优配强“三农”干部队伍，造就一支懂农业、爱农村、爱农民的农村工作队伍。从目前情况看，“三农”工作推进机制、“三农”干部队伍建设和不少农村基层党组织还不能很好适应这一要求。一些地方对党管农村工作的重要性认识不足，不少干部

[1]《在中央农村工作会议上的讲话》（2017 年 12 月 28 日），《习近平关于“三农”工作论述摘编》，中央文献出版社 2019 年版，第 192 页。

对农业农村情况不够了解，部分地区农村基层党组织软弱涣散，侵犯农民利益的“微腐败”时有发生。打硬仗要有过硬的干部队伍，要优先把优秀干部充实到“三农”战线，优先把精锐力量充实到基层，优先把熟悉“三农”工作的干部充实到地方各级党政班子，建立健全“三农”工作干部队伍培养、配备、管理、使用机制，打造一支能打硬仗、敢打硬仗的“三农”干部队伍。

习近平总书记的重要论述，指明了干部配备优先考虑的具体要求。要健全党委统一领导、政府负责、党委农村工作部门统筹协调的农村工作领导体制，实行中央统筹、省负总责、市县抓落实的工作机制。完善“三农”领域重大事项、重要问题、重要工作由党组织讨论的机制，落实党政一把手是第一责任人，五级书记抓乡村振兴的工作要求，确保党在农村工作中始终总揽全局、协调各方。建立市县党政领导班子和领导干部乡村振兴实绩考核制度，将考核结果作为选拔任用领导干部的重要依据。压实市县两级的责任，特别是推动县委书记把主要精力放在农村工作上，当好乡村振兴“一线总指挥”。加强“三农”工作干部队伍建设，把懂农业、爱农村、爱农民作为基本要求，将优秀干部充实到“三农”战线和基层一线，全面提升“三农”干部队伍能力和水平。抓实建强农村基层党组织，真正把农村基层党组织建成坚强战斗堡垒。大兴调查研究之风，倡导求真务实精神，密切与群众的联系，加深对农民的感情。打造高素质的农村人才队伍，引导各类人才投身乡村振兴。

二、在要素配置上优先满足

近年来，我国城乡统筹发展取得积极进展，不少地区在破解城乡二元结构，推进城乡要素平等交换上取得了重大突破。习近平总书记指出，要清除阻碍要素下乡各种障碍，吸引资本、技术、人才等要素更多向乡村流动，为乡村振兴注入新动能。[1] 当前，城乡要素合理流动的体制机制尚未完全建立，渠道尚未完全打通，要素不平等交换问题较为突出，农村人才、资金和土地还在大量流入城市，城市虹吸效应进一步扩大，农业农村“失血”“贫血”问题仍很严重。在土地方面，城市建设主要征占农村土地，但全国土地出让收益支出中用于农业农村的比重只有约 30%，“取之于农、主要用之于城”问题突出；在人才方面，每年新增 1 600 万农村劳动力进城，大量有文化的年轻人持续外流，“谁来种地、谁来兴村”的问题越来越突出；在资金方面，农村金融主体供给不足，产品供给单一，农民特别是新型经营主体融资难、融资贵问题依然没有得到很好解决。坚持农业农村优先发展，必须强化要素配置制度供给和政策设计，破除阻碍要素自由流动、平等交换的体制机制壁垒，改变资源要素向城市单向流动格局，构建城乡互补、全面融合、共享

[1]《在中央经济工作会议上的讲话》（2017 年 12 月 18 日），《习近平关于“三农”工作论述摘编》，中央文献出版社 2019 年版，第 38 页。

共赢的互利互惠机制，让土地、人才、资金、技术、科技等各类发展要素更多流向农业农村，释放农村的巨大发展潜力。

习近平总书记的重要论述，指明了要素配置优先满足的具体途径。现阶段，只有引导和支持各类发展要素向农业农村流动，才能释放农村的巨大发展潜力，激活“三农”这片蓝海。针对农村的地“自己用不上、用不好”的困局，在坚守耕地红线、生态红线的前提下，完善农村土地利用管理政策，盘活存量，用好流量，辅以增量，激活农村土地资源资产，破解乡村发展用地难题。针对当前农村人才匮乏等问题，实行更加积极、更加开放、更加有效的人才政策，推动乡村人才振兴，让各类人才在乡村大施所能、大展才华、大显身手。针对农业科技创新能力不强、创新机制不完善的问题，加快农业科技进步，提高农业科技自主创新水平、成果转化水平，为农业发展拓展新空间、增添新动能。改革是发展的不竭动力，实践证明，深化农村改革是激发农业农村发展活力的重要推动力。

三、在资金投入上优先保障

习近平总书记指出，乡村振兴是党和国家的大战略，要加大真金白银的投入。[1]将优先发展真正落到实处，补上我国农业农村发

[1]《在中央农村工作会议上的讲话》（2017 年 12 月 28 日），《习近平关于“三农”工作论述摘编》，中央文献出版社 2019 年版，第 17 页。

展多年的欠账，急需强化乡村振兴投入保障。农业农村建设面广量大，项目多以公益性为主，社会效益明显高于经济效益，少数有回报的项目投入大、周期长、回本慢，亟须发挥财政资金的主渠道作用。我国大多数县乡财政属于“吃饭”财政，村集体经济家底普遍薄弱，还有不少零收入的“空壳村”。仅靠现有资金筹集渠道、投入力度和农村农民自身力量，很难满足当前农业农村发展需要。现有中央和地方财政投入“三农”的资金项目，多数是“撒芝麻盐”，涉农资金统筹整合利用难度较大。针对上述问题，要坚持把农业农村作为财政优先保障领域和金融优先服务领域，健全投入保障制度，创新投融资机制，加快形成财政优先保障、金融重点倾斜、社会积极参与的多元投入格局，确保投入力度不断增强、总量持续增加、支农效能逐步提高。

习近平总书记的重要论述，指明了资金投入优先保障的具体方法。在财政投入方面，建立健全实施乡村振兴战略财政投入保障制度，公共财政更大力度向“三农”倾斜，确保财政投入持续增长。在拓宽资金筹集渠道方面，调整完善土地出让收入使用范围，进一步提高农业农村投入比例。在提高金融服务水平方面，坚持农村金融改革发展的正确方向，健全适合农业农村特点的农村金融体系，推动农村金融机构回归本源，把更多金融资源配置到农村经济社会发展的重点领域和薄弱环节，更好满足乡村振兴多样化金融需求。

四、在公共服务上优先安排

习近平总书记强调，要坚持以工补农、以城带乡，要把公共基础设施建设的重点放在农村，推动农村基础设施建设提挡升级，逐步建立健全全民覆盖、普惠共享、城乡一体的基本公共服务体系。城乡差距大，主要表现在城乡基础设施建设和公共服务水平存在较大差距。这既是农业农村发展必须优先补齐的突出短板，也是农村民生的主要痛点，直接影响广大农民群众的获得感、幸福感、安全感。近年来，我国农村基础设施建设、社会事业发展有了明显改善，但与城镇相比，仍是两套标准、两个天地。据有关部门统计，全国约 1/3 的行政村村内道路没有硬化，近 1/3 的村生活垃圾没有集中收集处理，超过 80% 的村生活污水未得到集中处理，使用无害化卫生厕所的农户比例不到一半，不少村庄还没有连上 4G 网络和宽带光纤，农民看病、子女入托上学还有不少难处，因病致贫现象仍大量存在。坚持农业农村优先发展，就是把公共基础设施建设的重点放在农村，推动公共服务资源更多向农村倾斜，持续改善水、电、路、气、网络、物流等基础条件，逐步实现城乡基础设施共建共享、互联互通，全面提升农村教育、医疗卫生、养老社保、文化体育等公共服务水平，努力推进城乡基本公共服务标准统一、制度并轨，实现形式上的普惠向实质上的公平转变，让农民在农村享受到优质的公共服务资源，过上与城里人一样的日子。

习近平总书记的重要论述，指明了公共服务优先安排的具体路径。从现阶段看，就是围绕农民群众最关心最直接最现实的利益问题，一件事情接着一件事情办，一年接着一年干，把乡村建设成为幸福美丽新家园。农村基础设施建设滞后，是影响农业农村发展的主要制约因素，也是城乡差距的重要体现，加大农村公共基础设施建设力度势在必行。农村人居环境干净整洁，是全面建成小康社会的一个重要标志，重点是分类推进农村“厕所革命”，全面推进农村生活垃圾治理，梯次推进生活污水治理，广泛开展村庄清洁行动。农村公共服务是农民最基本的民生需求，加大农村公共服务改善力度，加快解决当前农村最急迫解决的现实问题。

第三节

产业兴旺、生态宜居、乡风文明、治理有效、生活富裕是实施乡村振兴战略的总要求

习近平总书记指出，乡村振兴是包括产业振兴、人才振兴、文化振兴、生态振兴、组织振兴的全面振兴。[1]实施乡村振兴战略，要顺应农民新期盼，立足国情农情，以产业兴旺为重点、生态宜居为关键、乡风文明为保障、治理有效为基础、生活富裕为根本，推动农业全面升级、农村全面进步、农民全面发展。

产业兴旺，是解决农村一切问题的前提，从“生产发展”到“产业兴旺”，反映了农业农村经济适应市场需求变化、加快优化

[1]《把乡村振兴战略作为新时代“三农”工作总抓手》（2018 年 9 月 21 日），《习近平谈治国理政》第三卷，外文出版社 2020 年版，第 259 页。

升级、促进产业融合的新要求。生态宜居，是乡村振兴的内在要求，从“村容整洁”到“生态宜居”反映了农村生态文明建设质的提升，体现了广大农民群众对建设美丽家园的追求。乡风文明，是乡村振兴的紧迫任务，重点是弘扬社会主义核心价值观，保护和传承农村优秀传统文化，加强农村公共文化建设，开展移风易俗，改善农民精神风貌，提高乡村社会文明程度。治理有效，是乡村振兴的重要保障，从“管理民主”到“治理有效”，是要推进乡村治理能力和治理水平现代化，让农村既充满活力又和谐有序。生活富裕，是乡村振兴的主要目的，从“生活宽裕”到“生活富裕”，反映了广大农民群众日益增长的美好生活需要。

一、产业兴旺是重点

产业发展是激发乡村活力的基础所在。产业兴才能乡村兴，经济强才能人气旺。乡村振兴，不仅要农业兴，更要百业旺。五谷丰登、六畜兴旺、三产深度融合，是乡村振兴的重要标志。我国农业正处在转变发展方式、优化经济结构、转换增长动力的攻关期，要加快农业现代化步伐，发展壮大乡村产业，推动乡村产业全面振兴，加快实现由农业大国向农业强国转变。

习近平总书记指出，要坚持以农业供给侧结构性改革为主线，坚持质量兴农、绿色兴农，加快推进农业由增产导向转向提质导向，加快构建现代农业产业体系、生产体系、经营体系，不断提高我国农业综合效益和竞争力。[1] 这就要求在农业现代化进程中，坚持质量兴农、品牌强农，推动农业发展质量变革、效率变革、动力变革，持续提高农业创新力、竞争力和全要素生产率。围绕夯实农业生产能力基础，实施藏粮于地、藏粮于技战略，保障国家粮食安全和重要农产品有效供给，把中国人的饭碗牢牢端在自己手中。围绕加快农业转型升级，优化农业生产力布局，推进农业结构调整，壮大特色优势产业，保障农产品质量安全，培育提升农业品牌。围绕建立现代农业经营体系，坚持家庭承包经营基础性地位，构建家庭经营、集体经营、合作经营、企业经营等共同发展的新型农业经营体系，发展新型农村集体经济，促进小农户和现代农业发展有机衔接。围绕完善农业支持保护制度，加大支农投入力度，深化重要农产品收储制度改革，提高农业风险保障能力，加快建立新型农业支持保护政策体系。围绕构建农业对外开放新格局，建立健全我国农业贸易政策体系，深化与“一带一路”沿线国家和地区农产品贸易关系，积极支持农业走出去。

习近平总书记指出，要围绕农村一二三产业融合发展，构建乡村产业体系，实现产业兴旺。[2] 发展壮大乡村产业，就是以完善利益联结机制为核心，以制度、技术和商业模式创新为动力，推进

[1]《走中国特色社会主义乡村振兴道路》（2017 年 12 月 28 日），《习近平关于“三农”工作论述摘编》，中央文献出版社 2019 年版，第 97 页。
[2] 习近平总书记参加十三届全国人大一次会议山东代表团审议时的讲话（2018 年 3 月 8 日），《人民日报》2018 年 3 月 9 日。

农村一二三产业交叉融合，加快发展根植于农业农村、由当地农民主办、彰显地域特色和乡村价值的产业体系。围绕推动农村产业深度融合，培育农业农村新产业新业态，打造农村产业融合发展新载体新模式，推动要素跨界配置和产业有机融合，让农村一二三产业在融合发展中同步升级、同步增值、同步受益。围绕完善紧密型利益联结机制，把农民更多分享增值收益作为基本出发点，着力增强农民参与融合能力，创新收益分享模式，健全联农带农有效激励机制，让农民更多分享产业融合发展的增值收益。围绕放开搞活农村经济，优化农村创新创业环境，培育壮大创新创业群体，完善创新创业服务体系，建立创新创业激励机制。

二、生态宜居是关键

良好生态环境是农村最大优势和宝贵财富，要坚持绿色发展，让良好生态成为乡村振兴的支撑点。习近平总书记指出，实施乡村振兴战略，一个重要任务就是推行绿色发展方式和生活方式，让生态美起来，环境靓起来，再现山清水秀、天蓝地绿、村美人和的美丽画卷。[1] 近年来，我国坚持把绿色发展摆在突出位置，大力推行绿色生产生活模式，农村生态环境有所改善，但农业农村环境污染

[1]《走中国特色社会主义乡村振兴道路》（2017 年 12 月 28 日），《习近平关于“三农”工作论述摘编》，中央文献出版社 2019 年版，第 111 页。

问题依然突出，粗放经营方式带来的资源约束趋紧形势没有根本缓解。要牢固树立和践行绿水青山就是金山银山的理念，坚持尊重自然、顺应自然、保护自然，统筹山水林田湖草系统治理，加快转变生产生活方式，推动乡村生态振兴，建设生活环境整洁优美、生态系统稳定健康、人与自然和谐共生的生态宜居美丽乡村。

良好的生态环境，是广大农民的殷切期盼，要以生态宜居为关键，推进乡村绿色发展，打造人与自然和谐共生发展新格局。在推进农业绿色发展上取得新成效，重点是以生态环境友好和资源永续利用为导向，推动形成农业绿色生产方式，实现投入品减量化、生产清洁化、废弃物资源化、产业模式生态化，提高农业可持续发展能力。在改善农村人居环境上取得新成绩，重点是以建设美丽宜居村庄为导向，以农村垃圾、污水治理和村容村貌提升为主攻方向，推进农村“厕所革命”，稳步有序推进农村人居环境突出问题治理，努力补齐影响农民群众生活品质的短板。在加强乡村生态保护与修复上取得新进展，重点是统筹山水林田湖草系统治理，优化生态安全屏障体系，健全耕地草原森林河流湖泊休养生息制度，完善重要生态系统保护制度，促进乡村生产生活环境稳步改善，自然生态系统功能和稳定性全面提升，生态产品供给能力进一步增强。在发挥自然资源多重效益上取得新突破，重点是因地制宜发展生态产业、绿色产业、循环经济，推动乡村自然资本加快增值，增加农业生态产品供给，提高农业生态服务能力，将乡村生态优势转化为发展生态经济的优势，让老百姓种下的“常青树”真正变成“摇钱树”，让更多的老百姓吃上“生态饭”，走出一条发展“美丽经济”的新路子。

三、乡风文明是保障

乡村文明是中华民族文明史的深厚根源。繁荣兴盛乡村文化，不仅可以丰富农民群众的文化生活，为乡村振兴提供精神支撑和智力支持，而且对于弘扬优秀传统文化，筑好中华民族精神家园具有不可替代的重要作用。习近平总书记指出，优秀乡村文化能够提振农村精气神，增强农民凝聚力，孕育社会好风尚。[1] 提高乡村社会文明程度，焕发乡村文明新气象，要以社会主义核心价值观为引领，以传承发展中华优秀传统文化为核心，以乡村公共文化服务体系建设为载体，坚持物质文明和精神文明一起抓，既要“富口袋”，也要“富脑袋”，培育文明乡风、良好家风、淳朴民风，推动乡村文化振兴，建设邻里守望、诚信重礼、勤俭节约的文明乡村。

以乡风文明为保障，发展农村文化，提升农民精神风貌，关键在于加强农村思想道德建设，持续推进农村精神文明建设，倡导科学文明生活，不断提高乡村社会文明程度；弘扬中华优秀传统文化，立足乡村文明，吸取城市文明及外来文化优秀成果，在保护传承基础上创造性转化、创新性发展，不断赋予传统文化新的时代内涵、丰富其表现

[1]《走中国特色社会主义乡村振兴道路》（2017 年 12 月 28 日），《习近平关于“三农”工作论述摘编》，中央文献出版社 2019 年版，第 123 页。

形式，为增强文化自信提供优质载体；丰富乡村文化生活，推动城乡公共文化服务体系融合发展，增加优秀乡村文化产品和服务供给，活跃繁荣农村文化市场，为广大农民提供高质量的精神营养。

四、治理有效是基础

夯实乡村振兴基层基础，维护农村社会和谐稳定，实现乡村有效治理是乡村振兴的重要内容。习近平总书记强调，乡村振兴离不开和谐稳定的社会环境。要加强和创新乡村治理，让农村社会既充满活力又和谐有序。[1] 当前，农村正处于社会转型关键期，人口老龄化、村庄“空心化”、家庭离散化态势加剧，农村基层党组织软弱涣散问题还未彻底解决，小官巨贪、村霸控制等现象还在一定程度上存在。乡村治理是国家治理的基石，推进乡村治理体系和治理能力现代化，必须把夯实基层基础作为固本之策，建立健全党委领导、政府负责、社会协同、公众参与、法治保障的现代乡村社会治理体制，推动乡村组织振兴，打造充满活力、和谐有序的善治乡村。加强农村基层党组织对乡村振兴的全面领导，把农村基层党组织建成坚强战斗堡垒。深化村民自治实践，推进乡村法治建设，提升乡村德治水平，建设平安乡村，促进自治、法治、德治有机结

[1]《走中国特色社会主义乡村振兴道路》（2017 年 12 月 28 日），《习近平关于“三农”工作论述摘编》，中央文献出版社 2019 年版，第 135 页。

合。加强基层政权建设，创新基层管理体制机制，健全农村基层服务体系，夯实基层政权。

以治理有效为基础，加强农村基层基础工作，构建祥和安定村庄，关键在于抓实建强农村基层党组织，充分发挥党组织领导作用，推动农村基层党组织全面进步、全面过硬；妥善处理农民群众合理诉求，调处化解乡村矛盾纠纷；严厉打击各种违法犯罪行为，深入推进平安乡村建设，全面防范和化解农村不稳定因素。健全乡村治理工作体系，还需准确把握县乡村三级干部在“三农”工作中的职能定位。县级是“一线指挥部”，不论是贯彻落实“三农”工作任务，还是化解农村各类矛盾问题，县级都是最关键的环节。乡镇是为农服务中心，是面向农村、服务农民的区域中心。结合实施乡村振兴战略的需要，充实乡镇在农村人居环境整治、宅基地管理、集体资产管理、民生保障、社会服务等方面的工作力量，为农民提供基本的公共服务和比较完备的生产生活服务。行政村是基本治理单元，是村民自治的主要载体，强化自我管理、自我服务、自我教育、自我监督，健全基层民主制度，完善村规民约，推进村民自治制度化、规范化、程序化。

五、生活富裕是根本

生活富裕既是乡村振兴的根本，也是实现全体人民共同富裕的必然要求。习近平总书记指出，要把那些农民最关心最直接最现实的利益问题，一件一件找出来、解决好，不开空头支票，让农民的获得感、幸福感、安全感更加充实、更有保障、更可持续。[1] 当前，农民持续增收形势严峻，城乡区域发展和收入分配差距依然较大，农村基本公共服务标准不高、城乡差距较大等问题仍很突出，农村基础设施和民生领域欠账较多，脱贫攻坚任务艰巨。乡村振兴的出发点和落脚点，是为了让亿万农民生活得更美好，在共同富裕的道路上赶上来、不掉队，在共建共享发展中有更多获得感。

以生活富裕为根本，加强农村公共事业投入，提高农民获得感，关键在于稳定和拓宽农民增收渠道。近年来，在强农惠农富农政策支持下，农民人均可支配收入保持较快增长势头，增速持续超过 GDP 和城镇居民收入增速。但在经济下行压力增大的背景下，农民增收形势不容乐观，必须稳定现有渠道、拓宽增收途径。发展富民乡村产业，把依托农业农村资源发展的二、三产业尽量留在农村，把农业产业链延伸的增收收益和就业创业机会尽量留给农民。稳定农民工就业，大力支持农村创新创业，挖掘农业农村内部就业潜力，发挥龙头企业的作用，带动更多的农民就近就地转移就业。深入推进农村集体产权制度改革，深化农村土地制度改革，推动资源变资产、资金变股金、农民变股东，盘活农村资源资产，探索农村集体经济新的实现形式和运行机制。

---

[1]《走中国特色社会主义乡村振兴道路》（2017 年 12 月 28 日），《习近平关于“三农”工作论述摘编》，中央文献出版社 2019 年版，第 41 页。

此外，还应重视农村基础设施建设和社会事业发展，改善农村交通物流设施条件，加强农村水利基础设施网络建设，构建农村现代能源体系，夯实乡村信息化基础，推动农村基础设施建设提挡升级。以实现农村基本公共服务从有到好的转变为目标，促进公共教育、医疗卫生、社会保障等资源向农村倾斜，优先发展农村教育事业，推进健康乡村建设，加强农村社会保障体系建设，提升农村养老服务能力，不断增加农村公共服务供给，在农村居民幼有所育、学有所教、劳有所得、病有所医、老有所养、住有所居、弱有所扶等方面持续取得新进展。

第四节

建立健全城乡融合发展体制机制和政策体系是实施乡村振兴战略的重要保障

习近平总书记强调，在现代化进程中，如何处理好工农关系、城乡关系，在一定程度上决定着现代化的成败。推进乡村全面振兴，核心是重塑工农城乡关系，扭转长期以来“重工轻农、重城轻乡”的思维定式，打破城乡二元分割的体制藩篱，实现以工促农、以城带乡。建立向农村倾斜的城乡融合发展体制机制就是以改革为动力，以协调推进乡村振兴战略和新型城镇化战略为抓手，以缩小城乡发展差距和居民生活水平差距为目标，以完善产权制度和要素市场化配置为重点，坚决破除体制机制弊端，促进城乡要素自由流动、平等交换和公共资源合理配置，加快形成工农互促、城乡互补、全面融合、共同繁荣的新型工农城乡关系。

一、必须推动城乡要素合理配置

习近平总书记指出，要推动人才、土地、资本等要素在城乡间双向流动。[1]建立健全有利于城乡要素合理配置的体制机制，既是提高经济效率、提升全员劳动生产率、降低交易成本的关键制度，又是提高社会运行效率、降低社会成本的重要制度。当前，城乡要素流动仍然存在障碍，城乡二元的户籍壁垒没有根本消除，城乡统一的建设用地市场尚未建立，城乡金融资源配置严重失衡，导致人才、土地、资金等要素更多地流向城市，农村发展缺乏要素支撑。必须破除妨碍城乡要素自由流动和平等交换的体制机制壁垒，促进各类要素更多向乡村流动，在乡村形成人才、土地、资金、产业、信息汇聚的良性循环，为乡村振兴注入新动能。

推动城乡要素合理配置，重点是从农业转移人口市民化、城市人才入乡、农村承包地制度、农村宅基地制度、集体经营性建设用地入市制度、财政投入保障、乡村金融服务、工商资本入乡、科技成果入乡转化等方面着手，建立健全相关体制机制，打开城乡要素自由流动和平等交换的渠道。

---

[1]《把乡村振兴战略作为新时代“三农”工作总抓手》（2018 年 9 月 21 日），《习近平谈治国理政》第三卷，外文出版社 2020 年版，第 260 页。

二、必须推动城乡基本公共服务普惠共享

习近平总书记指出，要建立健全城乡基本公共服务均等化的体制机制，推动公共服务向农村延伸、社会事业向农村覆盖。[1] 近年来，城乡一体的义务教育经费保障机制、居民基本养老保险、基本医疗保险、大病保险制度逐步建立，城乡基本公共服务朝着制度接轨、质量均衡、水平均等的方向迈出了一大步。针对农村公共服务欠账仍然较多这一乡村发展的突出问题，实现城乡融合发展必须加快补上这个短板。这就要求围绕教育资源、医疗卫生、公共文化、社会保障等核心内容，健全全民覆盖、普惠共享、城乡一体的基本公共服务体系，推进城乡基本公共服务的标准统一、制度并轨。

推动城乡基本公共服务普惠共享，关键是建立城乡教育资源均衡配置机制，实现优质教育资源在城乡间共享；健全乡村医疗卫生服务体系，促进优质医疗资源在城乡间共享；健全城乡公共文化服务体系，推动服务项目与居民需求有效对接，促进公共文化服务社会化发展；完善城乡统一的社会保险制度和居民基本医疗保险、大病保险、基本养老保险制度；统筹城乡社会救助体系，推进低保制度的城乡统筹。

---

[1]《把乡村振兴战略作为新时代“三农”工作总抓手》（2018 年 9 月 21 日），《习近平谈治国理政》第三卷，外文出版社 2020 年版，第 260 页。

三、必须推动城乡基础设施一体化发展

习近平总书记指出，要把公共基础设施建设的重点放在农村，推进城乡基础设施共建共享、互联互通。从国际经验看，率先推动城乡交通等基础设施互联互通，是一些发达国家推动城乡融合发展的最直接措施，贯穿于城镇化的每个阶段。近年来，我国城乡一体化基础设施建设取得显著成效，城乡基础设施统筹规划和多元投入机制正在探索并逐步完善，城市、小城镇和乡村基础设施的互联互通程度正在提高，农民生产生活条件得到很大改善，但与城市相比仍然相当落后。把公共基础设施建设的重点放在乡村，改变乡村基础设施滞后现象，必须坚持先建机制、后建工程，推动乡村基础设施提挡升级，加快实现城乡基础设施的统一规划、统一建设、统一管护。

建立城乡基础设施一体化规划的机制。这是基础设施统一发展的前提。以县或市为整体，统筹规划城乡的道路、供水、供电、信息基础设施、广播电视、防洪、垃圾污水等基础设施建设，重点推动城乡路网的一体规划设计，畅通城乡交通运输连接，加快实现县乡村（户）道路连通、城乡道路客运一体化。

健全城乡基础设施一体化的建设机制。明确乡村基础设施公共产品的定位，构建事权清晰、权责一致、中央支持、省级统筹、市县负责的机制。

建立城乡基础设施一体化管护机制。由于乡村分散化的特点，

基础设施建成以后的长期运营和养护成本相对比较高，这也是长期以来工作的一个难点。解决这个问题应运用市场化手段，明确乡村基础设施的产权归属，由产权所有者建立管护制度，合理确定城乡基础设施统一管护运行模式。

四、必须推动城乡经济互补发展

习近平总书记指出，要把工业和农业、城市和乡村作为一个整体统筹谋划，促进城乡在规划布局、要素配置、产业发展、公共服务、生态保护等方面相互融合和共同发展。[1] 乡村经济的发展方向，是以现代农业为基础，以农村一二三产业融合发展为主体、休闲农业和乡村旅游等新产业新业态为重要补充。当前，我国城乡产业发展水平差异较大，在不少地区，城市里是发展迅速的先进制造业和现代服务业，但乡村仍以传统农业为主。要围绕发展现代农业、培育新产业新业态，完善农企利益紧密联结机制，实现乡村经济的多元化和农业全产业链发展。实现这一目标，城乡之间要产业协同，核心是要用城市的科技，特别是与农业相关的科学技术来改造乡村的传统农业，用城市的工业来延长农业的产业链条，用城市的互联网产业等服务业来丰富农村的产业业态。

[1]《在十八届中央政治局第二十二次集体学习时的讲话》（2015 年 4 月 30 日），《习近平关于“三农”工作论述摘编》，中央文献出版社 2019 年版，第 34 页。

推动城乡经济互补发展，重点是完善农业支持保护制度，建立新产业新业态培育机制；探索生态产品价值实现机制，建立政府主导、企业和社会各界参与、市场化运作、可持续的城乡生态产品价值实现机制；建立乡村文化保护利用机制，立足乡村文明，吸取城市文明及外来文化优秀成果，推动乡村优秀传统文化创造性转化、创新性发展；搭建城乡产业协同发展平台，推动城乡要素跨界配置和产业有机融合；健全城乡统筹的规划制度，统筹推进产业发展和基础设施、公共服务等建设。

五、必须推动城乡居民收入均衡增长

习近平总书记指出，农业农村工作，说一千、道一万，增加农民收入是关键。要加快构建促进农民持续较快增收的长效政策机制，让广大农民都尽快富裕起来。[1]“三农”问题的核心是农民问题，农民问题的核心是收入问题。虽然城乡居民收入比从最高点 2007 年的 3.14 倍，持续下降到 2012 年的 2.88 倍，2019 年进一步降至 2.64 倍，但近几年的缩小幅度逐渐收窄，农民持续增收面临比较大的挑战。完善农民增收长效机制，确保农民收入保持稳定增长势头，要落实以人民为中心的发展思想，稳定现有渠道，拓宽

[1]《习近平在山东考察时强调 切实把新发展理念落到实处 不断增强经济社会发展创新力》（2018 年 6 月 12 日—14 日），《人民日报》2018 年 6 月 15 日。

增收途径，促进农民收入持续增长，持续缩小城乡居民生活水平差距。

推动城乡居民收入均衡增长，关键在于完善促进农民工资性收入增长环境，健全农民经营性收入增长机制，建立农民财产性收入增长机制，强化农民转移性收入保障机制，以此强化统筹提高农民收入机制建设。此外，2019 年我国农业增加值占 GDP 比重为 7.1%，农业就业人员占比却高达 25.1%，偏低的农业劳动生产率制约了农民增收。提高农业劳动生产率，重点是推动有能力在城镇稳定就业生活的农业转移人口市民化，减少乡村的剩余劳动力，使乡村劳动者拥有更多生产资料，进而推进适度规模经营、提升农业生产效率；构建以现代农业为基础、新产业新业态为补充的多元化乡村经济，推进农业机械化全程全面发展，健全乡村旅游和休闲农业等新业态，探索生态产品价值实现机制和文化保护利用机制，统筹提高乡村经济综合效益和农民收入。

第三章

贯彻落实习近平总书记关于实施乡村振兴战略重要论述的实践进展

乡村振兴战略实施近三年来，在以习近平同志为核心的党中央坚强领导下，各地各部门以强有力的组织领导和扎实有效的政策措施，有力有序有效推进战略实施，我国农业发展总体平稳、稳中有进，乡村新产业新业态不断涌现，乡村建设迈出新的步伐，乡村面貌日新月异，农村社会保持和谐稳定，农村改革持续深化，脱贫攻坚取得决定性成就，乡村振兴开局良好。

第一节

体制机制和政策体系框架基本形成

一、顶层设计基本完成

2017年底召开的中央农村工作会议全面分析了“三农”工作面临的形势和任务，研究确定了实施乡村振兴战略的重大政策，明确了实施乡村振兴战略的顶层设计。2018年1月，中共中央、国务院印发《关于实施乡村振兴战略的意见》，就实施乡村振兴战略作出了全面部署，在阐述新时代实施乡村振兴战略重大意义的基础上，明确了实施乡村振兴战略的指导思想、阶段性目标和基本原则，提出了提升农业发展质量、培育乡村发展新动能，推进乡村绿色发展、打造人与自然和谐共生发展新格局，繁荣兴盛农村文化、焕发乡风文明新气象，加强农村基层基础工作、构建乡村治理新体系，提高农村民生保障水平、塑造美丽乡村新风貌，打好精准脱贫攻坚战、增强贫困群众获得感，推进体制机制创新、强化乡村振兴制度性供给，汇聚全社会力量、强化乡村振兴人才支撑，开拓投融资渠道、强化乡村振兴投入保障，坚持和完善党对“三农”工作的领导等方面的任务。为有序推进乡村振兴战略实施，2018年9月中共中央、国务院印发《乡村振兴战略规划（2018—2022年）》，就实施乡村振兴战略作出了阶段性具体部署，提出了22个主要指标（见表3-1）和7个方面59项重点任务，部署了82项重大工程、重大计划、重大行动，绘制了乡村振兴的阶段性发展蓝图。

表3-1　乡村振兴战略规划部分重要指标实施进展情况

分类	序号	主要指标	单位	2016年	2017年	2018年	2019年
产业兴旺	1	粮食综合生产能力	亿吨	>6	6.5	6.5	6.5
	2	农业科技进步贡献率	%	56.7	57.5	58.3	59.2
	3	农业劳动生产率	万元/人	3.1	3.0	3.2	3.6
	4	农产品加工产值与农业总产值比	—	2.2	2.28	2.30	2.36
	5	休闲农业和乡村旅游接待人次	亿人次	21	28	30	32

续表

分类	序号	主要指标	单位	2016 年	2017 年	2018 年	2019 年
生态宜居	6	畜禽粪污综合利用率	%	60	70	74	75
生态宜居	7	对生活垃圾进行处理的村占比	%	65	74	84	88
乡风文明	8	村综合性文化服务中心覆盖率	%	70	75	80.7	96.2
乡风文明	9	农村义务教育学校专任教师本科以上学历比例	%	55.9	59.8	63.1	65.7
乡风文明	10	农村居民教育文化娱乐支出占比	%	10.6	10.7	10.7	11.1
乡风文明	11	建有综合服务站的村占比	%	14.3	40.9	45.3	48.8
乡风文明	12	有村规民约的村占比	%	98	98	98	98
乡风文明	13	集体经济强村比重	%	5.3	6.6	7.3	7.4
生活富裕	14	农村居民恩格尔系数	%	32.2	31.2	30.1	30.0
生活富裕	15	城乡居民收入比	—	2.72	2.71	2.69	2.64
生活富裕	16	农村自来水普及率	%	79	80	81	82
生活富裕	17	具备条件的建制村通硬化路比例	%	96.7	98.4	99.4	100

二、配套政策逐步健全

为扎实推进乡村振兴战略实施，截至2019年底，中共中央、国务院及有关部门已累计制定出台30多项政策举措。在健全党领导农村工作体制机制方面，中共中央印发《中国共产党农村工作条例》《中国共产党农村基层组织工作条例》。在促进城乡融合发展方面，中共中央、国务院印发《关于建立健全城乡融合发展体制机制和政策体系的意见》。在强化乡村振兴要素保障方面，国务院及有关部门出台了乡村产业振兴、财政支持乡村振兴、金融服务乡村振兴、数字乡村发展、宅基地制度改革、新型农业经营主体培育、高标准农田建设等一系列政策文件。在健全乡村治理体系方面，有关部门围绕统筹推进村庄规划、加强和改进乡村治理、推动乡风文明建设等制定出台专门的指导意见。这些法律法规和政策文件，有力地强化了乡村振兴制度供给。

三、规划体系初步形成

各地区对标对表《乡村振兴战略规划（2018—2022年）》，科学编制本区域乡村振兴战略地方规划，31个省级乡村振兴战略规划全部出台实施，2/3的市县出台了地方规划或方案，形成了上下衔接的规划体系。各部门细化落实并指导地方完成国家规划提出的主要目标任务，先后出台国家质量兴农战略规划、数字乡村规划纲要、创新驱动乡村振兴发展专项规划、加强农业农村标准化工作的指导意见等，加快推进本行业本领域乡村振兴战略任务实施。乡村振兴战略规划与经济社会发展规划、国土空间规划有效衔接，“多规合一”的实用性村庄规划覆盖率不断提高，县级党委领导政府负责的村庄规划工作机制基本建立，已初步构建起以乡村振兴战略规划为总领，行业专项规划为支撑，村庄规划为落脚点的规划体系。

四、各方责任逐步落实

国家发展改革委、农业农村部会同27个有关部门建立乡村振兴战略规划实施协调推进机制，明确了机制工作方案和年度工作要点，形成乡村振兴战略规划实施台账，推动落实乡村振兴战略规划任务。各地区、各部门认真贯彻落实中央决策部署，以强有力的组织领导和扎实有效的工作举措，全力推动规划各项目标任务落实。31个省（自治区、直辖市）全部建立了实施乡村振兴战略领导机构，从省到市县，一级抓一级、五级书记抓乡村振兴的责任体系基本健全。考核机制不断完善，中央制定出台乡村振兴战略实绩考核评价具体办法，层层压实责任，推动落实党政一把手是第一责任人、五级书记抓乡村振兴的工作要求。

▌第二节▐

乡村振兴新格局正在构建

一、乡村空间布局优化

城乡布局结构不断完善，以城市群为主体构建大中小城市和小城镇协调发展的城镇格局逐步形成，城镇地区对乡村的带动能力增强，美丽宜居乡村建设加快。空间用途管制得到强化，按照不同主体功能定位和陆海统筹原则，生态、农业、城镇等空间和生态保护红线、永久基本农田、城镇开发边界及海洋生物资源保护线、围填海控制线等主要控制线划定有序推进。统筹利用生产空间取得显著成效，粮食生产功能区、重要农产品生产保护区划定任务全面完成。截至 2020 年 2 月，分三批认定了 229 个中国特色农产品优势区。村庄规划编制和实施有序开展，力争到2020年底，结合国土空间规划编制在县域层面基本完成村庄布局工作，有条件、有需求的村庄应编尽编。

二、不同类型村庄协调发展

村庄是乡村振兴的最前沿、主战场，村庄发展水平直接体现着乡村振兴战略的实施成效。我国村庄数量众多，资源禀赋、历史文化各有千秋，自然环境和地理条件相去甚远，决定了各地必须坚持因地制宜，积极探索符合自身实际的发展路径。乡村振兴战略实施以来，各地各部门科学把握乡村区域差异，尊重并发挥基层首创精神，精确把握区域差异和自身实际，科学确定时间表、路线图，充分发掘和总结典型经验，推动不同地区、不同发展阶段的乡村梯次振兴，不同类型村庄协调发展，各具特色的乡村发展典型模式不断涌现。这些村庄既有打造乡村振兴联合体，从一村绿富美带动村村绿富美的“大写意”，也有矢志不渝发展集体经济，持续推进强村富民的“工笔画”，例如，浙江探索了都市辐射型、城镇带动型、小县大城型、城乡融合型等乡村振兴模式。重庆在全市选择综合实力较强的六个区县开展综合示范，着力推动城乡规划建设、要素配置、产业发展、公共服务、基础设施等五个一体化进程，选择五个示范区县围绕“五大振兴”进行单项示范。河北优选条件成熟的地区开展乡村振兴示范区创建，示范区既可以在县域内，也可以跨县域，同步推进农村社区、现代产业园区、乡村生态功能区建设。还有不少地区依托交通节点、旅游线路、生态走廊等开展乡村振兴示范带建设，促进资源条件相近区域连线成带发展。

第三节

乡村产业蓬勃发展

一、粮食安全保障能力不断增强

民以食为天，解决好十几亿人口的吃饭问题始终是治国理政的头等大事。党的十八大以来，以习近平同志为核心的党中央始终把确保国家粮食安全摆在重要位置，在习近平总书记关于粮食安全重要论述的指引下，国家持续加大对粮食生产的扶持力度，严格耕地特别是基本农田保护，加强农田水利等基础设施建设，不断提高粮食综合生产能力。全国耕地面积保持在 20 亿亩以上，永久基本农田保护面积 15.46 亿亩以上，全面完成 10.58 亿亩粮食生产功能区和重要农产品生产保护区划定任务，2018 年以来，累计新增高标准农田超过1.6亿亩、高效节水灌溉面积超过4 000万亩，年均轮作休耕面积超过3 000万亩，全国耕地平均质量等级达到4.76等，较2014年提高了0.35个等级。全国粮食总产量已连续5年稳定在1.3万亿斤以上，2019年粮食产量再创历史新高，达到13 277亿斤（见图3–1），谷物自给率保持在95%以上，人均粮食占有量达到472公斤，超过国际公认的人均400公斤的粮食安全线。粮食生产稳定、库存充足、供给充裕、市场运行平稳，实现了从“吃得饱”向“吃得好”的历史性转变，粮食安全形势总体较好，走出了一条中国特色的粮食安全之路。

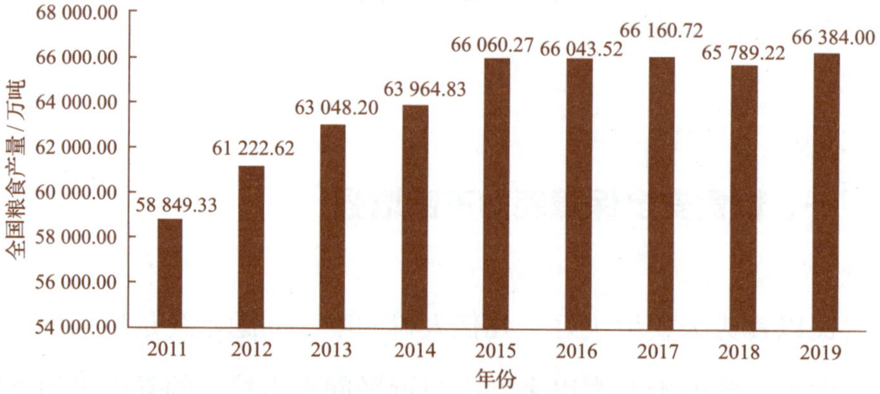

图3–1　2011—2019年全国粮食产量

资料来源：国家统计局。

二、农业供给侧结构性改革不断深化

农业生产结构不断优化。2019年全国优质专用水稻、小麦种植面积占比比上年提高10多个百分点，玉米“镰刀弯”地区种植面积调减5 000万亩左右，种植结构调整成果得到巩固，大豆种植面积增加1 600多万亩。种养加一体、粮经饲统筹的生产格局初步形成，粮改饲面积累计达到3 400万亩，棉花继续向新疆等西北内陆优势棉区集中，长江中下游油菜籽种植实现面积产量双增长，糖料生产保持稳定，畜禽规模化养殖比重提高到65%。非洲猪瘟、草地贪夜蛾等动植物重大疫病得到有效防控，生猪和能繁母猪存栏止降回升，禽类和牛羊肉供给增加，肉品市场供应总体保持稳定，肉蛋菜果鱼茶等产量稳居世界第一。水产养殖业持续快速发展，海洋捕捞渔业比重继续下降，渔业总体养捕比（不含远洋）达到4.29∶1。

农业经营方式加快转变。家庭农场、农民合作社、农业龙头企业等各类主体蓬勃发展，截至2019年底，家庭农场超过80万家，农民合作社达到220万家，县级以上龙头企业近9万家，新型职业农民超过1 500万人，基本构建起了立体式、复合型现代农业经营体系。农业社会化服务组织超过89万个，全年托管服务面积超过15亿亩次，服务小农户6 000万户，多种形式适度规模经营稳步发展，小农户正在加快融入现代农业发展轨道。

科技装备支撑不断提升。截至2019年，农业科技进步贡献率达到59.2%，成功选育了一批节水抗病小麦、优质抗病虫水稻、高产高蛋白大豆，农作物自主选育品种面积占比提高到95%以上，畜禽核心种源自给率达到70%以上。农作物耕种收综合机械化率超过 70%，小麦、水稻、玉米三大主粮生产基本实现机械化。物联网、大数据、区块链等现代信息技术逐步应用于农业生产，科技创新正成为现代农业发展新动能，农业生产从主要依靠增加资源要素投入转向主要依靠科技进步、从主要依靠人力畜力转向主要依靠机械动力，农业综合效益和竞争力明显提升。

三、农村产业融合发展不断推进

农产品加工业做精做深。加工产业逐渐向粮食主产区和特色优势区布局，产地初加工覆盖面明显扩大。2019 年，农产品加工转化率约 68%，农产品加工业与农业产业产值比达到 2.36∶1，逐步改变了农村卖原料、城市搞加工的格局。全国果蔬等农产品产后损失率从 15% 降至 6%，一批具有自主知识产权的加工副产物综合利用技术快速应用。乡村特色产业展现新生机，一批特点鲜明的小宗类、多样化乡土产业逐步形成，培育了 880 个乡村特色产品和 210 名能工巧匠，创响一批“土字号”“乡字号”特色产品品牌。

产业融合载体加快培育。截至 2019 年，累计批准创建 107 个、认定 49 个国家现代农业产业园，将 7 个省级现代农业产业园纳入国家现代农业产业园管理体系，带动各地创建 1 800 多个省级产业园和 3 800 多个市县级产业园，建设国家农村产业融合示范园 200 个、农业产业强镇 552 个，“一乡一业、一县一特”产业发展格局正在形成。

四、农村新产业新业态不断涌现

电子商务和休闲农业蓬勃发展。“互联网 +”农产品出村进城工程启动实施，一大批特色农产品正在成为新网红。2019 年，农产品网络零售额超过 3 500 亿元。休闲农业和乡村旅游蓬勃发展，2019 年接待游客 32 亿人次，营业收入超过 8 500 亿元，共享农业、体验农业、创意农业等新业态大量催生。

农村创新创业活力明显增强。一批农民工、大学生、退役军人、科技人员返乡入乡兴办企业，引领带动农村建立健全现代生产经营方式、新商业模式和通达营销网络，日益成为带领广大农民兴业致富的生力军。2019 年，农村“双创”人才超过 850 万人、“田秀才”“土专家”“乡创客”总数超过 3 000 万人。

第四节

宜居乡村建设加快

一、人居环境整治基本完成

截至2019年底，全国卫生厕所普及率超过60%，北京、江苏、福建、广东农村无害化卫生厕所普及率已超过95%；生活垃圾收运处置体系覆盖88%的行政村，比2013年提高40多个百分点，各地排查出来的2.4万个非正规垃圾堆放点86%已完成整治；90%以上村庄开展清洁行动，动员近3亿人次清理各类生活垃圾4 000万吨、村塘淤泥3 500万吨、村内残垣断壁410多万处，乱排乱放现象明显减少。农村人居环境大为改观，村民生活习惯逐步改善，生活品质有了较大提高，美丽乡村正在由点到面逐步推开，形成了一批生态宜居美丽乡村。

二、基础设施条件持续改善

截至2019年底，全国新建和改建“四好农村路”（建好、管好、护好、运营好）25.4万公里，全国农村公路总里程达420.05多万公里，具备条件的建制村通硬化路、通客车率分别达到100%、99.8%，基本打通了交通运输“最后一公里”（见图3–2）。农村自来水普及率和农村集中式供水人口比例分别达到82%和85%以上，农民安全饮水基本保障。新一轮农村电网升级加快改造，在农产品种植、加工、乡村旅游等方面建成一批电气化试点

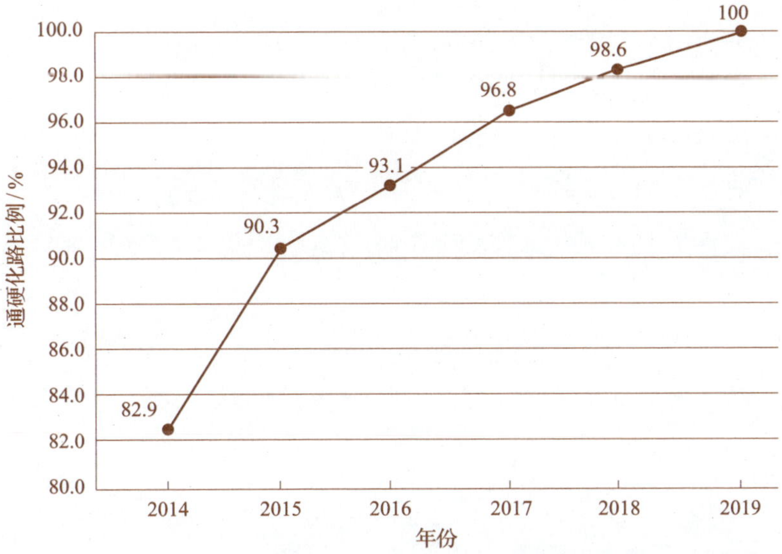

图3–2 2014年以来贫困地区具备条件建制村通硬化路比例

示范工程，广大农民正在从“用上电”向“用好电”迈进。全国行政村通光纤、通4G比例均超过98%，建成一批“宽带乡村”“百兆乡村”，农村水电路气房等基础设施建设加快提挡升级，农民生活的便利化程度不断提高。

第五节

乡风文明不断提升

一、乡村文化生活日益丰富

在习近平总书记的关怀和推动下，党中央、国务院决定自2018年起将每年农历秋分设立为“中国农民丰收节”，这是第一个在国家层面专门为农民设立的节日。“中国农民丰收节”成为展示、传承、弘扬农耕文化的一块金字招牌。农村地区公共文化产品和服务提供水平显著提升，2019年，基层农村累计放映公益电影500万场次，1.3万个贫困乡镇累计演出约8万场戏曲，1.2万支文化文艺小分队在广大农村举办了21万场文化文艺活动，近2万名志愿者为16个边疆少数民族地区开展文化志愿服务、服务人次

1 000 多万，“乡村春晚”百县万村网络联动活动共吸引观众 3 078 万人次。展示传播新时代优秀乡村文化的阵地更加完善，超过 80% 的县实行了文化馆、图书馆总分馆制，建成村综合性文化服务中心 54.9 万个，培训各类文化艺术辅导员上万人次。优秀乡村文化保护传承力度明显加强，年画、剪纸、花儿、染织等近千项起源于乡村的民间美术、音乐和传统技艺被确定为国家级非物质文化遗产。认定 118 项中国重要农业文化遗产，其中云南红河哈尼稻作梯田、内蒙古敖汉旱作农业、浙江湖州桑基鱼塘等 15 项中国重要农业文化遗产入选全球重要农业文化遗产。截至 2019 年，中国传统村落、少数民族特色村寨分别达到 6 819 个和 1 057 个，涌现出安徽宏村、浙江兰溪诸葛村、福建长乐村等一大批历史文化古村落。

二、乡村社会风气不断进步

移风易俗成效显著，村规民约覆盖率达到 98%，红白理事会、道德评议会等群众性组织普遍建立，婚丧嫁娶标准逐步规范，喜事新办、丧事简办、孝亲敬老成为村民共同遵守的行为准则。2019 年，各地共确定了 133 个首批全国农村幸福社区建设示范单位、51 个全国农村社区治理试验区。福建宁乐“红十条 + 黑名单”、安徽岳西“党建引领”等地方模式加快涌现，农村不良风气和陈规陋习初步得到遏制，农民人情费支出明显减轻，移风易俗由“软任务”变成了“硬约束”。

第六节

乡村治理日益有效

一、农村党建工作得到加强

2015年以来，全国累计选派45.9万名驻村第一书记，截至2019年底在岗23万名，实现了党组织软弱涣散村和建档立卡贫困村全覆盖。在“不忘初心、牢记使命”主题教育中，整顿提升软弱涣散村党组织4.47万个，调整不胜任不尽职村党组织书记1.2万名，村党组织书记兼任村委会主任、村级集体经济组织负责人制度全面推行。农村基层党组织战斗堡垒作用和党员先锋模范作用明显增强，涌现出余留芬、黄文秀等一大批工作有思路、干事有办法、群众有口碑的基层党员先进代表。

二、乡村法治工作稳步推进

“一村一法律顾问”覆盖范围持续扩展，截至2019年底基本实现全覆盖。累计创建北京房山区水峪村、吉林双辽市五一村、江苏靖江市德胜村等3 365个民主法治示范村，实现法治精神进村入户到人。“一区一警”“一村一辅警”工作机制逐步健全，建成各级综合治理中心64.9万个，85%以上的村定期组织开展协商活动。建成警保合作交通安全示范劝导站1 000余个，招聘劝导员1.5万余人。“枫桥经验”在各地创新发展，形成“村民说事议事”“小微权利清单”管理、农村网格化管理等一大批乡村治理新模式，农村社会风更清、气更正。

三、乡村德治成效显著

新时代文明实践中心、文化礼堂、道德讲堂等宣传教育阵地更加巩固，乡风文明焕发新气象，涌现出甘肃古浪八步沙林场“六老汉”三代人治沙造林先进群体等新时代农民先进典型和福建建宁县文军种子专业合作社理事长丁绍文、吉林长春市双阳区奢岭街道马场村党支部书记李华靓等“全国十佳农民”，以及尼玛顿珠、王振美等全国道德模范，推介了一批邻里和谐、诚信重礼的乡风文明建设示范村，用身边的事教育身边的人，引导农民群众加强自我管理、崇德向上。

四、乡村自治逐步完善

党组织领导的充满活力的村民自治机制得到进一步健全，村民委员会特别法人地位和权利得以确立，村民自治实践不断深化，村务监督委员会实现全覆盖，村级重大事项决策“四议两公开”全面落实。《关于做好村规民约和居民公约工作的指导意见》深入实施，村级党组织全程主持村规民约和居民公约的制定或修订。各地深入贯彻落实《关于建立健全村务监督委员会的指导意见》，加强对村务监督委员会推选工作的指导，推动建立健全村务监督体系，选优配强村“两委”班子，强化实施乡村振兴战略的人才基础。在北京市密云区穆家裕镇辛安庄村等全国 18 个县（市、区）的 24 个村（村民小组、自然村、屯），开展了以村民小组或自然村为基本单元的村民自治试点工作。

第七节

农村小康实现在望

一、农民收入持续增长

2019年，全国农村居民人均可支配收入达到16 021元，实际增长6.2%，提前一年实现比2010年翻一番目标，贫困地区农民人均可支配收入11 567元，同比增长11.5%，实际增速比全国农村快1.6个百分点。打赢脱贫攻坚战三年行动取得显著成效，贫困地区农民人均可支配收入增速明显快于其他地区。2019年实现全国减贫1 100万人以上，贫困县摘帽340个左右，97%的贫困人口实现脱贫，94%的贫困县实现摘帽，“两不愁三保障”突出问题基本解决，贫困发生率降至0.6%，剩下的551万农村贫困人口也将如期全部脱贫（见图3–3）。

图 3-3 2012 年以来我国贫困人口脱贫情况

资料来源：国务院扶贫办网站。

二、农村基本公共服务不断改善

农村公共服务供给提标扩面，截至2019年底，已改善2 600多个县近22万所义务教育学校基本办学条件，特岗计划教师招聘规模提前一年达到10万人，乡村教育资源质量有了较大提高（见图3-4）。乡村两级医疗机构和人员“空白点”基本消除。贫困地区义务教育控辍保学力度明显加大，贫困地区乡村两级医疗机构和人员“空白点”全面消除，贫困人口大病保险参保率接近100%，住房安全、饮水安全薄弱环节有效补齐。

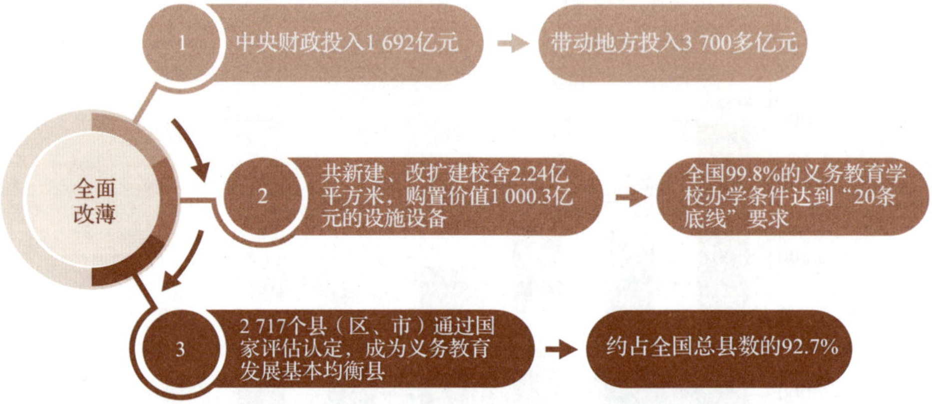

图 3–4　义务教育“全面改薄”工程扎实推进

注：“全面改薄”即全面改善贫困地区义务教育薄弱学校基本办学条件工作。

资料来源：国务院扶贫办网站。

三、社会保障体系日益完善

普遍建立了城乡居民医保门诊统筹，2019 年，将脑卒中等 4 种重大疾病纳入农村贫困人口大病专项救治病种范围，病种规模扩大到 25 种，基本医疗保障制度保基本、防大病、兜底线的能力进一步增强。农村留守儿童和妇女、老年人关爱服务体系进一步健全，各项权益得到进一步保障。2019 年中央补助地方孤儿养育标准分别提高到东、中、西部每人每月 300 元、450 元、600 元，增幅达 50%。农村低保平均标准提高到 5 247 元 /（人 · 年），较上年同期增长 10.4%，北京、上海、浙江等地基本实现了城乡低保标准“并轨”。农民工数量达到 2.8 亿人，其中外出打工农民工 1.4 亿人，居住证制度全面落实，为转移就业的农民工实现由“漂”转“稳”提供了保障。在医疗和社会保障领域，涌现出北京平谷医养联动、山西宁武优化基层卫生服务、甘肃天祝建设残疾人社会保障网等一批农村公共服务典型，不少地区农民群众在家门口就能享受到优质的公共服务。

第四章

实施乡村振兴战略面临的机遇和挑战

当今世界正经历百年未有之大变局，新一轮科技革命与产业革命方兴未艾，国际形势复杂多变，经济全球化与逆全球化角力，大国博弈日趋激烈，地缘政治冲突频发，新冠肺炎疫情深刻影响人类生产生活，全球经济复苏乏力，不稳定不确定性因素增多。我国开启全面建设社会主义现代化国家新征程，经济发展基本面是好的，潜力大，韧性强，回旋余地大，同时又处在转变发展方式、优化经济结构、转换增长动力的攻关期，结构性、体制性、周期性问题相互交织，“三期叠加”影响持续深化，经济发展处于新常态。因此，“十四五”时期我国乡村振兴也将在危机中育新机，于变局中开新局。

第一节

我国外部环境复杂多变

一、国际农产品贸易不确定性加大

当前，国际经贸规则面临重构，贸易摩擦多发、频发，农产品贸易环境日益复杂，市场风险明显上升，我国农产品贸易面临较大挑战。

（一）中美经贸摩擦给我国农产品贸易带来不利影响

我国是世界上最大的农产品进口国，美国是世界上最大的农产品出口国，中美农产品贸易具有很强的互补性，在中美经贸关系中占有重要地位。农产品贸易也是中美经贸摩擦的焦点之一。自美进口大豆减少后，我国通过拓展大豆进口来源等多种措施弥补供需缺口，不会对国内食用油、畜禽养殖产业产生较大影响，但一定程度上会导致成本上行，增加国内食品价格上涨压力。美国围绕农产品贸易采取加征关税、强化技术性贸易壁垒等措施，会给我国农产品出口和农业生产带来一定影响，一定程度上会削弱我国水产品、果蔬产品特别是对美出口较多的农产品出口竞争力。

（二）国际贸易保护主义抬头加大农产品贸易风险

全球经济增长不确定性较高，新冠肺炎疫情持续蔓延，全球供应链受阻的风险上升，贸易保护主义抬头，农产品国际贸易保护政策层出不穷，一些国家升级边境保护政策，增加进口关税或者降低出口关税。同时，非关税壁垒的种类越来越多，应用范围越来越广，使用频率越来越高，造成进出口企业经营成本上升，国际物流通道不畅。比如，美国对进口农产品设置区域性差别化的检疫流程，造成部分地区农产品通关时间延长、成本增加；在进口食品安全方面设置高技术规范或者实施强制性认证，提高了进口门槛。2019 年，全球非关税措施已激增至 5 万多个，影响了 90% 的世界贸易。我国农产品贸易体量较大，是全球第一大农产品进口国和第二大农产品贸易国，贸易保护主义抬头，加大了农产品贸易风险，将给我国农产品进出口带来一定冲击。

（三）重大公共卫生事件和自然灾害事件多发冲击全球农产品供应链

全球范围内严重的环境灾害事件、重大公共卫生事件呈多发态势，农业的脆弱性和易损性增加，给国际农产品供给带来严峻挑战。比如，澳大利亚丛林大火造成乳制品、肉类和羊毛等农产品产量明显下降，预计 2020 年全年澳大利亚羊存栏数量减少 2.4%，牛存栏数量降低 1.8%，羊毛产量较 2019 年减产 9.2%。受新冠肺炎疫情扩散蔓延影响，一些国家以食品安全为由对农产品出口实施贸易限制措施，部分粮食出口国一度收紧粮食出口，部分国家肉类加工厂因员工感染新冠病毒关停，减少猪肉出口量，导致国际市场供应缩紧，引发市场价格上涨，给我国通过进口稳定国内大豆、肉类等农产品供给带来一定挑战。

二、世界贸易规则调整制约国内农业支持政策空间

当前，全球贸易规则调整态势愈加明显，传统的贸易政策需要相应重构，这将对我国农业支持政策的实施产生一定不利影响。

（一）发达国家主导全球贸易规则调整

目前，美国、欧盟、日本、加拿大、澳大利亚、新西兰等发达国家已经或正在通过双边或多边贸易谈判建立新的自由贸易规则。

比如，2018年达成的“美国－墨西哥－加拿大协定”替代原来的“北美自由贸易协定”，北美三国建立了“零关税、零壁垒、零补贴”的新型自由贸易区，拉开了新一轮国际经贸规则调整的大幕。欧日自由贸易区2019年开始运行，美日之间正在进行类似北美三国的自由贸易规则谈判，美国与欧盟2013年的自由贸易谈判曲折推进。2019年5月，欧盟与澳大利亚和新西兰启动自由贸易谈判，发达国家主导的新一轮国际经贸规则磋商加快推进。近年来，世界贸易组织（WTO）改革的压力明显增加。美国、欧盟和日本等发达国家对世贸组织改革的立场比较一致，要求削减产业补贴、国营贸易等，将使我国农产品进出口贸易和相关支农政策面临调整的压力，农业受国际市场冲击的风险加大。

（二）传统的农业支持政策空间缩小

“十四五”及未来较长一段时期，国际经贸规则的调整步伐将进一步加快，发达国家倡导建立的贸易规则可能得到一些国家的支持，特别是美欧日一致推动的世贸组织改革，对国际治理体系将产生重要影响。面对国际贸易规则的重大变革和重构，我国迫切需要加快转变发展方式，改革完善配套政策，提高企业生产效率和市场竞争力。“十三五”时期，国家建立了公平竞争审查制度，[1] 防止

[1] 国务院关于在市场体系建设中建立公平竞争审查制度的意见［EB/OL］.（2016-06-14）［2020-08-30］. http：//www.gov.cn/zhengce/content/2016-06/14/content_5082066.htm.

产业政策出现排除、限制竞争的政策措施，逐步与国际经贸规则接轨。党的十九届四中全会提出推进国家治理体系和治理能力现代化，对产业政策的公平竞争提出要求。今后一段时期，我国农业支持政策和手段将有所调整，应逐步采用减税降费等对市场扭曲较少的普惠性支持政策，降低“黄箱”政策支持水平，促进农业农村经济高质量发展。

三、农业国际科学技术交流受到影响

从历史看，经贸摩擦、技术禁运都会成为打“贸易战”的手段。如果今后一段时期国际经贸摩擦增多，贸易规则转向保守主义，我国农业技术进口将受到一定影响。

（一）现阶段部分农业技术仍需进口

改革开放以来，我国农业科技进步显著，对农业生产起到了重要支撑作用。2019 年，全国主要农作物自主选育品种播种面积占比达到 95% 以上，农业科技进步贡献率达到 59.2%。但现阶段部分农业品种、技术还不能完全实现国内自给，仍需要通过进口支撑服务国内农业生产。比如，我国农作物种业发展整体竞争力仍然不强，与发展现代农业的要求还不相适应，高端蔬菜种子进口数量较多。再如，我国农机产品总体技术水平与欧美发达国家相比，在自动化、智能化等方面还有较大差距，特别是高端农机产品仍需进口。

（二）国际形势变化增加农业科学技术进口难度

未来一段时期，伴随全球经济增长放缓、经贸摩擦升温，贸易规则趋向保守，国际市场上先进农业技术与装备的可获得性将有所降低。技术禁运是一些国家实行贸易保护主义、设置贸易壁垒、打压别国的惯用手段。比如2018年中美经贸摩擦以来，美国多次对我国实施技术封锁措施，包括禁止向中国出口大马力拖拉机等。未来不排除一些国家单方面或联合其他国家采取技术封锁措施限制我国农业科技进口。技术禁运措施的增多不利于我国引进国外先进技术。

四、“一带一路”建设助推农业国际合作深化

实践表明，“一带一路 ”农业合作符合沿线国家利益，具有广阔前景。新冠肺炎疫情重创世界经济，全球化遭遇挫折，“一带一路”合作成为维护全球化和自由贸易、改革完善全球治理的重要途径。“一带一路”建设向纵深推进，为我国深化农业国际合作创造了积极条件。

（一）深化与“一带一路”沿线国家农业投资合作有利于我国农业走出去

在多双边合作机制下，我国与“一带一路”沿线国家积极开

展农业投资合作，领域不断拓展，链条不断延伸，方式日益丰富。2018 年，我国在“一带一路”参与国开展的农业投资合作项目达到 657 个，投资存量达到 94.4 亿美元。近年来，全球农业发展格局深度调整，各种传统和非传统挑战增多，特别是随着新冠肺炎疫情在全球蔓延，“一带一路”沿线国家应对全球食品危机、解决饥饿与贫困的形势十分紧迫，开展农业国际合作的诉求也将更加强烈。我国应抓住“一带一路”农业国际合作发展的历史机遇，发挥好我国农业产业的整体比较优势，加大海外农业生产、加工、储运、流通等全产业链环节投资运营，提高我国农业国际竞争力，带动国内相关技术装备出口，促进国内乡村振兴发展。

（二）加强与“一带一路”沿线国家农产品贸易有利于保障重要农产品供给

共建“一带一路”倡议提出以来，我国与“一带一路”沿线国家的农产品贸易规模不断扩大，产品种类日益丰富。2018 年，我国与“一带一路”签署协议的国家农产品贸易总额超过 770 亿美元，相比 2013 年增长了 17.8%。当前，各国更加重视农业基础地位，更加注重全球农业资源整合利用和农产品市场深度开发，维护国际农产品供应链稳定和粮食安全的诉求更加强烈。通过加强“一带一路”农产品贸易通道共建，推进运输、仓储等农产品贸易基础设施一体化建设，提升贸易便利化水平，进一步深化与“一带一路”沿线国家农产品贸易关系，有利于提高农产品供应链的稳定性，扩大我国优势农产品出口市场，进而推动现代农业等乡村产业快速发展。

（三）扩大与“一带一路”沿线国家农业科技人才交流有利于提高农业科技进步水平

近年来，我国与“一带一路”沿线国家的农业科技交流合作规模不断扩大，产生了一批重要成果，有力促进了合作国家的农业发展和科技进步。当前，农业持续增长动力不足和农产品市场供求结构显著变化，已经成为“一带一路”沿线国家普遍面临的新问题、新挑战，加强农业科技合作交流的需求持续增长。进一步突出科技合作的先导地位，积极探索与沿线国家农业科技合作新模式，通过共建国际联合实验室、技术试验示范基地和科技示范园区等，多渠道加强“一带一路”沿线国家间知识分享、技术转移、信息沟通和人员交流，在种质资源、生物技术、灾害防控等重点领域加强联合攻关，不仅有利于提升“一带一路”沿线国家农业综合发展能力，也有利于促进我国农业科技进步，为农业农村现代化提供有力支撑。

第二节

国内发展条件发生新变化提出新要求

一、新一轮科技革命助推乡村振兴

当前新一轮科技革命蓬勃兴起，以新一代信息技术、人工智能为引领，生物技术、新能源技术、新材料技术等多领域技术相互渗透融合，重大颠覆性创新不时出现。新一轮科技革命的核心科技是新一代信息技术、人工智能，核心特质为数字化、网络化、智能化发展，将全面影响人类生产生活、企业新一轮竞争发展、政府公共服务供给创新等。新一轮科技革命对人类生产生活各领域具有赋能作用，将助推我国乡村振兴事业发展。

（一）推动乡村产业振兴

新一代信息技术、人工智能、生物技术、新能源技术、新材料技术等不断应用到乡村产业领域，必将改造传统乡村产业，产生新产业、新业态、新模式，推动乡村产业实现现代化。新一代信息技术、人工智能应用到农业领域，催生了数字农业、智慧农业、精准农业；应用到农产品加工业领域，催生了农产品智能加工厂；应用到农产品销售领域，催生了农产品电商；应用到休闲农业与乡村旅游，催生了智慧乡村游；应用到农业生产服务领域，催生了无人机飞防作业，等等。光伏发电与设施农业结合，产生了光伏发电的温室大棚。以基因工程、细胞工程、酶工程、发酵工程为代表的现代生物技术正在不断应用到现代农业和农产品加工领域，繁育出许多农产品新品种，加工出种类繁多的新食品。新材料技术在设施农业和农机装备工业领域，如滴灌探头、降解薄膜、轻量化农机具制造等方面应用较多。

（二）促进乡村人才振兴

随着新一代信息技术和人工智能技术的应用越来越广，城乡新型基础设施差距缩小，将吸引基于互联网工作模式的高科技人才返乡创业就业。新一代信息技术的应用将逐步消除城乡空间鸿沟，城市人才得以通过互联网远程服务于乡村振兴，如开展农村人才线上培训，农村学生可通过上网课享受城市优质教育资源，缩小城乡劳动力资源的素质差距；城市医生可以采用远程诊断为村民看病；农业技术推广机构可以对农民生产进行远程咨询和指导。

（三）服务乡村文化振兴

运用新一代信息技术和人工智能，通过网络直播、全景视频制作等方式，可以将各地丰富多彩的传统乡村文化进行线上传播，同时，城市现代文化艺术和娱乐活动可通过线上方式输入乡村。随着大学生、农民工、退伍军人等返乡创业就业，农村线上文化需求增加，传统的农家书屋将无法满足需求，城市数字图书馆将逐步进入乡村，丰富新老村民阅读生活。

（四）支撑乡村生态振兴

在乡村生态振兴方面，新一代信息技术主要应用于乡村生态环境监测和灾害预警等领域。比如，利用摄像头等物联网感知系统对乡村人居环境进行视频监控，保护村庄居住环境；对乡村河道、池塘、水产养殖场等水域的水质开展线上监控，防止乡村水体污染；运用数字化技术，对大田、森林、草原病虫害及火灾预警技术进行改造升级，提高灾害预警效率。

（五）推进乡村组织振兴

运用大数据、云计算、物联网等新一代信息技术，提升县乡村电子政务水平，打造乡村数字化公共服务平台，有利于增强基层组织的行政管理和公共服务能力。新型农业经营主体运用新一代信息技术，有利于改进生产工艺和经营管理流程，显著提高管理效能。涉农行业协会及村民理事会等民间社会组织，借助微信、网络直播等互联网技术，有利于提高会员沟通效率，增强社会组织服务能力。

二、居民消费升级拓展市场空间

随着我国居民收入水平不断提高，中等收入群体持续壮大，消费升级明显，追求消费个性化、多样化、时尚化、品牌化渐成趋势。2013—2019 年，我国居民收入和支出基本呈线性增长态势，居民人均可支配收入和消费支出年均分别增长 9.0% 和 8.5%。随着我国居民消费需求的不断增长，乡村产业的市场空间也随之扩大。

（一）绿色有机农产品消费空间扩大

随着居民收入水平和文化素质的提高，健康科学的消费理念明显增强，口感上乘、质量优良、绿色安全的农产品消费快速增长，品质低劣的农产品市场空间越来越小。加之农产品认证管理工作不断加强，各类消费平台日益重视农产品质量管理，消费者对绿色有机农产品的认同度逐步提升，消费意愿持续增强，高品质农产品的消费需求逐渐释放，绿色有机农产品受到越来越多消费者青睐，优质农产品的消费空间不断扩大，进而推动了农产品供需结构升级。

（二）特色化和个性化乡村产品消费需求增加

目前，我国主力消费人群为80后、90后乃至2000年后出生的中青年人群。这些出生于改革开放后的消费群体不同于其父辈，文化素质较高，消费理念新潮，不再单纯追求勤俭节约和大众化消费。他们对特色化、个性化、品质化的追求在农产品及加工品特别是快速消费食品以及乡村手工艺品等乡村产业的产品消费中表现尤为突出。近年来，农产品及加工品品类繁多，特色鲜明、品质优良、品牌响亮的农产品销售增长尤其迅速。

（三）精品民宿经济及体验式乡村旅游备受青睐

随着乡村消费升级，城市居民对农村居住消费环境要求提高，以吃住和采摘为主的农家乐型休闲农业与乡村旅游增长放缓，代之而起的是乡土风情浓郁、设计时尚独特的精品民宿经济。城市居民的乡村休闲旅游大多以家庭亲子活动方式为主，对异质化的乡村生活和文化好奇心强，体验式消费需求激增，从单纯观赏性的乡村休闲游升级到体验型的乡村休闲游，对那些拥有独特历史文化和生产生活方式的村庄旅游消费需求增长迅猛，精品民宿及体验式乡村旅游成长为乡村经济的新型业态。

三、城市辐射带动乡村能力增强

改革开放以来，我国城市发展日新月异，劳动力、资金、技术、数据等生产要素集聚，城区面积不断扩大，基础设施日趋先进，公共服务更加完善，带动乡村发展的能力也不断增强。

（一）城市带动乡村经济发展能力提升

随着新型城镇化深入推进，我国以城市群为主体的大中小城市和小城镇协调发展格局逐渐形成，城市经济辐射带动乡村经济的效应日趋显现。农村劳动力源源不断地供给城市，城市制造业特别是中低端制造业的产业工人主体是农民工，受到城市产业洗礼的返乡农民工回乡创业和就业，又将城市经济的先进理念和做法带到乡村。城市为农产品及加工品、乡土特色产品、休闲农业和乡村旅游等乡村产业提供强大的消费市场，特别是城市消费者通过农产品电商的评价信息反馈，倒逼农业、农产品加工业和流通业提高竞争力。城市工商资本进入乡村，不仅缓解了农村资本短缺困难，而且将城市的现代经营管理模式带到乡村。城市的先进技术、市场信息、产业人才随着工商资本下乡而进入乡村，将加快传统乡村产业的现代化进程。

（二）城市辐射带动传统乡村社会转型步伐加快

经过多年城乡融合发展的深入推进，城乡居民交流往来日趋频繁，进入城市就业生活的农民工节假日返乡增多，加之城市居民下乡旅游和居住生活，都使城市现代生活方式辐射到乡村。农民使用智能手机越来越普遍，改变了农村传统社交方式和亲情沟通方式，移动支付方式在农村中青年人群中日益普及，许多农民出售农产品采用手机扫码收款方式，移动支付在农村未来的应用场景越来越广泛。

（三）城市辐射带动乡村文化发展

随着乡村有线电视覆盖面扩大，城乡电视文化鸿沟逐步缩小，现代城市文明频繁冲击传统乡村文明，市民文化娱乐方式不断向乡村渗透。近年来大城市流行的广场舞进入乡村，正是城市现代健身文化生活方式辐射乡村的范例。目前，城乡居民房屋装修和衣着服装潮流基本趋同，城市居民居住和服饰文化已深度影响了乡村。返乡农民工、大学生将智能手机电子阅读、看电影、赏节目等文化消费方式带入乡村，示范带动农村青少年体验线上文化消费。返乡创业大学生融合城市文化和传统乡村文化开发文创产品和服务，助推了乡村文化发展。

（四）城市带动乡村基础设施和基本公共服务能力增强

为消除城乡二元结构，国家持续统筹城乡发展，推进城乡一体化发展，特别是党的十八大以来，大力推动城乡融合发展，公共财政向农村倾斜，城市道路、公交、自来水、污水处理、宽带等基础设施不断向农村延伸，城市教育、医疗、社会保障、公共文化等基本公共服务资源持续注入乡村，将增强乡村发展后劲。同时也要看到，我国城乡二元结构长期存在，城乡融合发展的体制机制障碍复杂。在城镇化进程中，繁华城市的吸附力还将不断增强，资金、土地、人才等要素仍将以乡村流向城市的单向流动为主，乡村资金、土地、人才、青壮劳动力等要素出现城市虹吸现象，城市与乡村要素竞争逐渐加剧，不利于加快乡村全面振兴。

四、乡村振兴投融资渠道日益多元化

经过40多年的改革开放，我国投融资障碍不断减少，政府投资注重提高效率，投资渠道增加；金融产品创新加快，经营主体融资路径增多；民营投资领域不断扩大，投资方式更加多样，都将有利于拓宽乡村振兴投融资渠道。

（一）财政资金投入乡村振兴方式更加多样

党的十八大以前，我国“三农”领域的政府投资以直接投资和投资补助为主。党的十八大以来，各级政府拓宽了脱贫攻坚和乡村振兴的投资渠道。比如采取政府和社会资本合作（PPP）方式进行投资，解决农村自来水、垃圾处理、污水处理等有收益的公益项目投资，提高投资效率；发行农村基础设施专项债券，弥补地方财政投资缺口；建立乡村振兴产业基金，将财政资金与社会资本捆绑在一起，借助社会资本投资经营管理能力，对风险较高、收益较大的乡村产业项目进行投资，等等。

（二）金融资本注入乡村振兴路径不断增加

改革开放以来，金融资本进入农业农村领域的最主要形态是银行采取不动产抵押或公职人员担保等方式贷款，其次是担保公司以抵押等方式贷款，以及保险公司通过灾害保险等方式将保险资金注入农业农村等方式。随着金融体制改革和农村土地承包经营制度改革向纵深推进，互联网金融兴起，目前涉农金融机构新增了土地经营权抵押贷款、仓单质押贷款、农业设施抵押贷款、线上信用贷款、价格保险等融资产品。这些新金融产品能够增加乡村振兴的资金供给，应用前景广阔。此外，亚洲开发银行、世界银行等国际金融机构也将对保护乡村生态环境、促进农村发展的项目给予更多信贷支持。

（三）工商资本参与乡村振兴渠道持续扩展

随着新型金融投资方式兴起，国家鼓励发展新型集体经济，工商资本开始以产业基金等方式投入风险和收益较高的涉农项目，还与村集体经济组织采取股份合作等方式进行联合投资。此外，工商资本还通过 PPP 合作方式与政府联合投资有收益的公益类乡村振兴项目。随着我国开放更加深入，外资企业也将更多地参与乡村振兴项目投资。

五、生态文明建设对乡村绿色发展提出更高要求

习近平总书记强调，以绿色发展引领乡村振兴是一场深刻革命。良好生态环境是农村最大优势和宝贵财富。实施乡村振兴战略，一

个重要任务就是推行绿色发展方式和生活方式，让生态美起来、环境靓起来，再现山清水秀、天蓝地绿、村美人和的美丽画卷。[1]

（一）持之以恒加强乡村生态环境建设

从发达国家现代化历程看，国民收入水平越高，对优美生态环境需求越旺盛。党的十八大以来，顺应人民群众对美好生态环境的期盼，国家实施了蓝天、碧水、净土保卫战。近年来，为进一步改善乡村生态环境，国家采取一系列行动，取得了明显的阶段性成效。如推动冬季采暖由煤改为电或气，严禁秸秆焚烧，关闭高粉尘排放的乡村小企业，守护乡村的蓝天；加快乡村人居环境治理，消除黑臭水体，开展生活垃圾和污水处理，推行“厕所革命”，再现乡村的碧水；加大化肥农药减量行动力度，实行土壤重金属污染治理，提高农产品质量安全水平，等等。但推进生态文明建设、打好污染防治攻坚战是贯穿乡村振兴全过程的持久战，当前及今后一段时期，必须持续深入实施农村人居环境整治，抓好“厕所革命”，加强农村生活垃圾和污水处理，搞好村庄环境绿化美化，不断满足人民群众对美丽乡村的期盼。

（二）乡村生态环境建设面临瓶颈制约

乡村生态环境属于公共产品，市场机制往往失灵，资源要素投

[1] 《走中国特色社会主义乡村振兴道路》（2017 年 12 月 28 日），《习近平关于“三农”工作论述摘编》，中央文献出版社 2019 年版，第 111–112 页。

入不足，发展制约因素较多，其突出表现，一是资金短缺，政府财力有限，财政资金投入不足，社会资本因经济回报低而不愿投入；二是技术薄弱，乡村生态环境建设项目点多面广、规模小，投入产出率较低，市场主体开展技术研发的动力不强，导致乡村生态环保技术供给不足；三是人才匮乏，乡村生态环境保护和建设方面的科研推广专业人才相对偏少，特别是企业从事相关领域研发的技术人才十分有限；四是制度弱化，一些地方环保意识较弱，在乡村生态环境保护和建设方面不作为、慢作为，有的缺乏健全的规章制度，有的规章制度执行难、落实难。大部分地区的森林和河流上中下游生态保护补偿机制尚不健全，乡村垃圾和污水回收处理利用制度保障不够完善。

第三节

当前推进乡村振兴战略面临的突出问题

一、农业供给质量和效益不高

当前，我国农业经济运行中有总量平衡问题，但结构性问题更为突出，农业供给质量和效益不高已成为当前农业供需不平衡中的主要矛盾，需要加快推进农业供给侧结构性改革。

（一）农业供给质量不能完全满足人民群众日益增长的美好生活需求

我国农业供给质量不高突出表现在生产结构有待优化、产业结构有待提升、区域结构有待调整。在生产结构方面，近年来通过调减玉米、增加大豆播种面积，提高规模化养殖比例，推动渔业减量提质，在农业生产结构上取得了明显进展，但是粮食供需结构性矛盾依然突出。稻谷、小麦产大于需，库存持续增长，但每年还需进口大量优质稻谷和专用小麦。玉米产需存在一定缺口，大豆产需缺口巨大，需求基本依靠进口解决，年度进口量一度接近1亿吨（见表4–1）。非粮食领域，我国已成为全球水果进口大国，牛羊肉供需缺口日趋扩大。产业结构方面，虽然农村一二三产业融合发展持续推进，但是产后储藏、保鲜、包装、分级和商品化处理能力不足，农产品加工链条短、附加值低、副产物综合利用率不高等问题依然存在。2019年，我国农产品加工业与农业产值之比仅为2.36∶1，与发达国家相比差距明显。在区域结构方面，我国粮食生产过度集中于水土资源紧张的东北、华北地区，蔬菜种植又过度集中于气候条件优越的南方，环保压力下南方水网密集地区生猪养殖规模大幅下降，造成北粮南运、南菜北运、南猪北养，既增加了流通成本，又加剧了区域资源环境压力。

表4–1　近年来我国主要粮食品种供需平衡情况　　单位：千吨

指标	稻谷			小麦		
	2017/2018	2018/2019	2019/2020（预测）	2017/2018	2018/2019	2019/2020（预测）
生产量	212 676	212 129	209 610	134 334	131 443	133 593
进口量	4 654	3 655	3 500	3 685	2 690	3 500
国内消费量	190 640	192 300	194 100	123 492	128 800	123 480
产需缺口	22 036	19 829	15 510	10 842	2 643	10 113

续表

指标	玉米			大豆		
	2017/2018	2018/2019	2019/2020（预测）	2017/2018	2018/2019	2019/2020（预测）
生产量	259 071	257 174	260 770	15 282	15 967	18 100
进口量	3 467	4 483	5 000	94 130	82 534	87 000
国内消费量	277 885	272 909	277 930	108 280	102 400	104 770
产需缺口	−18 814	−15 735	−17 160	−92 998	−86 433	−86 670

资料来源：国家粮油信息中心2020年1月发布数据。

（二）农业生产经营比较效益较低

我国农户户均耕地面积不足 8 亩，土地流转成本高，农业生产经营规模偏低，导致农业劳动生产率不高，无法获得与非农产业相近的收入水平。尤其是自 2011 年以来，随着种粮成本的持续上升和粮食售价遭遇“天花板”，种粮净收益开始逐年下降，2016 年下调稻谷和小麦最低收购价并取消玉米临时收储后，种粮亏损渐成常态（见表 4–2）。即便农户家庭经营不考虑自营地地租成本，2018 年亩均种粮净利润也开始低于 100 元，按户均 7.5 亩耕地计算，家庭种粮年纯收入不足 750 元，远低于外出务工月收入。与此同时，我国农业生产和加工标准化水平低，品牌培育和保护投入不够，农产品品牌多、杂、乱，影响力小，社会信任度不高，对假冒伪劣产品监管不严，导致品牌农产品溢价水平低，无法实现优质优价。如果农业生产经营比较效益下降趋势不能得到根本性扭转，农户粗放经营、降低复种指数甚至撂荒将趋于严重，农业将陷入供给质量不高与经营效益低下的恶性循环。

表 4–2　2008—2018 年我国三种粮食（稻谷、小麦、玉米）平均收益情况

年份	每亩						每 50 公斤主产品		
	总成本				净利润 / 元	成本利润率 / %	平均售价 / 元	总成本 / 元	净利润 / 元
	小计 / 元	物质与服务费用 / 元	人工成本 / 元	土地成本 / 元					
2008	562.42	287.78	175.02	99.62	186.39	33.14	83.54	62.75	20.79
2009	600.41	297.40	188.39	114.62	192.35	32.04	91.32	69.16	22.16
2010	672.67	312.49	226.90	133.28	227.17	33.77	103.78	77.58	26.20
2011	791.16	358.36	283.05	149.75	250.76	31.70	115.42	87.64	27.78
2012	936.42	398.28	371.95	166.19	168.40	17.98	119.86	101.59	18.27
2013	1 026.19	415.12	429.71	181.36	72.94	7.11	121.13	113.09	8.04
2014	1 068.57	417.88	446.75	203.94	124.78	11.68	124.38	111.37	13.01
2015	1 090.04	425.07	447.21	217.76	19.55	1.79	116.28	114.23	2.05
2016	1 093.62	429.57	441.78	222.27	–80.28	–7.34	108.39	116.98	–8.59
2017	1 081.59	437.18	428.83	215.58	–12.53	–1.16	111.58	112.89	–1.31
2018	1 093.77	449.55	419.35	224.87	–85.59	–7.83	109.66	118.97	-9.31

资料来源：历年《农产品成本收益资料汇编》。

二、农村基础设施和环境短板突出

当前，基础设施和人居环境依然是广大农村地区的明显短板弱

项，影响广大农民的幸福感和获得感。

（一）农村基础设施标准低，城乡差距大

随着近年来国家对乡村基础设施的持续投入，农村基础设施得到极大改善，但是与广大农民群众的需求相比仍有差距。农村公路基本实现了“村村通”，但建设质量和标准有待提高，不少地区尚没有实现道路通组入户，养护任务重与资金不足的矛盾也日益突出，村道失养、失管、以建代养现象较为普遍，农村物流设施严重不足。农村饮水条件得到明显改善，但水源水质问题依旧突出，供水工程质量参差不齐，运行管护机制不健全，普遍存在管理维护资金投入不足、有效管理缺失等现象。据统计，2018 年河南省农村饮水工程水质达标率仅为 3.7%，集中式饮水工程仅占 2.57%。全国不少地区供电质量与可靠性有待提高，天然气、热力管网等其他能源基础设施在农村普及率还较低。第三次全国农业普查数据显示，截止到 2016 年底，全国只有 11.9% 的村通天然气，农村沼气、太阳能、风能、地热等可再生能源利用方式单一，秸秆、薪柴等非商品能源在农村生活用能中占比仍高达 48%。农村网络设施加快推进，但城乡互联网普及率差距巨大，城镇互联网普及率达 74.6%，农村互联网普及率仅为 38.4%，2009 年以来城乡互联网差距始终保持在 30 个百分点以上（见图 4–1）。

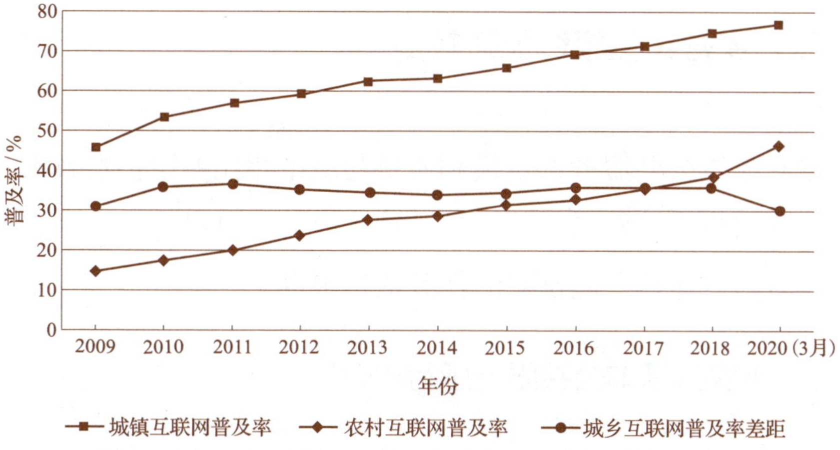

图 4-1 2009 年以来城乡互联网普及率

资料来源：中国互联网络信息中心，2019年数据有缺失。

（二）农村人居环境存在诸多短板

当前，农村人居环境整治三年行动取得了显著成效，但与人民群众生活密切相关的不少领域仍需改进。在村容村貌方面，不少地区有新房没新村，有新村没新貌。受资金和人才制约，许多村庄建设无规划，一些编制完成的村庄规划缺乏科学性、合理性和可操作性，且村庄规划执行难，导致违规占用耕地乱建房屋的现象时有发生。污水垃圾治理方面，农村污水垃圾处理设施单位建设成本和运行成本高、收集难，到 2019 年底全国只有不到 30% 的农户生活污水得到管控。在农村卫生厕所改造方面，改厕政策落实还不够，技术支撑不足，缺乏长效运行机制，一些地方厕所粪污没有得到有效处理和资源化利用。

三、乡村民生领域欠账较多

农村基本公共服务的规模和质量与城市相比差距仍然较大，无法满足农民群众日益增长的需求，持续改善乡村民生、提高农民收入、实现城乡居民共同富裕的任务依然艰巨。

（一）农村基本公共服务亟待改善

我国基本公共服务供给存在典型的“重城市、轻农村”现象，农村教育、医疗卫生、社会保障、养老、文化体育是基本公共服务中的突出短板。农村普惠性幼儿园数量缺口大，幼儿园“大班额”现象普遍，乡村学校硬件设施弱、农村教师紧缺的问题较为突出，不少地区农村中小学被撤并，许多家庭只能到县城或乡镇所在地陪读。虽然当前基本消除了乡村医疗卫生机构和人员“空白点”，但乡镇卫生院设施条件和医务人员明显不足，专业性强、技术水平高的医疗机构在乡村布局的意愿不强，政府对乡村医疗的投入力度仅能解决基础的医疗问题。农村市场化社会化养老服务欠缺，养老机构覆盖率和服务水准偏低，空巢老人赡养和留守儿童看护问题突出。农村文化体育服务依然相对薄弱，近年来虽然建成了大量农家书屋、活动广场等农村文体设施，但因投入不足、人才短缺等原因，乡村文体服务供给数量和质量依然严重不足，与广大农民群众的需求相差甚远。

（二）农民收入持续较快增长面临诸多挑战

增收致富是最受关注的乡村民生问题，但实现农民收入持续较快增长还存在一些不利因素。我国农村居民人均收入增速下降始于“十二五”时期。2011—2015年，农民人均纯收入实际增速从11.4%降至7.5%，累计下降了3.9个百分点，既高于同期国内生产总值增速降幅0.1个百分点，也高于同期城镇居民人均可支配收入增速降幅1.3个百分点。2016年和2018年农村居民人均可支配收入增速甚至低于同期国内生产总值增速，表明保持农村居民收入快速增长的基础并不牢靠。从农民收入构成上看，农民家庭经营收入增长受到农产品价格“天花板”和生产成本“地板”的双重挤压，工资性收入增长遭遇经济增速下滑、企业用工需求减少的不利影响，转移性收入增长面临财政收入增长放缓而后劲不足，财产性收入还无法从现有农村各项改革中获取足够的增长动力。2020年，新冠肺炎疫情对农业生产、农民工就业和农村投资形成较大冲击，进一步影响了农民收入稳定增长。

四、乡村治理体系和治理能力有待提高

当前，我国城乡利益格局深刻调整，农村社会结构深刻变动，农民思想观念深刻变化，这种前所未有的变化给乡村治理带来了困难和挑战。

（一）乡村治理基础有待夯实

当前，乡村治理社会基础薄弱。随着乡土社会的血缘性和地缘

性减弱，群众集体意识弱、内生动力不足，“事不关己、高高挂起”的心态普遍存在，群众的凝聚力和创造力没有得到有效发挥。一些村庄“形虽在、神已散”，优秀道德规范、公序良俗失效，一些地方不良风气盛行，婚丧大操大办、封建迷信、邪教、黄赌毒等陈规陋习和丑恶现象蔓延，严重侵蚀乡风文明与基层政权。同时，乡村治理经济基础薄弱。不少地区没有发展出有效的村集体经济实现形式，2018 年，全国仍有 35.8% 的村无集体经济经营性收入，年集体经营收入 50 万元以上的集体经济强村全国占比仅为 7.3%（见表 4-3），绝大多数村级组织运行经费主要依靠地方财政投入。

表 4-3　2012—2018 年农村集体经济经营收入情况

年份	统计的村数/万个	集体经济经营收入在不同区间的村数及占比											
		0		<5 万元		5 万元~<10 万元		10 万元~<50 万元		50 万元~<100 万元		≥100 万元	
		数量/万个	占比/%	数量/万个	占比/%	数量/万个	占比/%	数量/万个	占比/%	数量/万个	占比/%	数量/万个	占比/%
2012	58.9	31.1	52.8	15.1	25.6	5.2	8.8	4.8	8.1	1.2	2.0	1.5	2.5
2013	58.7	32.0	54.5	13.7	23.3	5.2	8.9	4.9	8.3	1.3	2.2	1.6	2.7
2014	58.4	32.3	55.3	12.7	21.7	5.3	9.1	5.2	8.9	1.3	2.2	1.7	2.9
2015	58.0	31.1	53.6	13.1	22.6	5.6	9.7	5.2	9.0	1.3	2.2	1.7	2.9
2016	55.9	28.7	51.3	13.1	23.4	5.7	10.2	5.2	9.3	1.4	2.5	1.8	3.2
2017	56.3	26.2	46.5	13.7	24.3	6.6	11.7	6.2	11.0	1.6	2.8	2.1	3.7
2018	54.5	19.5	35.8	15.2	27.9	8.3	15.2	7.6	13.9	1.8	3.3	2.2	4.0

资料来源：2012—2016年数据来自《中国农业统计资料》，2017—2018年数据来自《中国农村经营管理统计年报》。

（二）乡村治理模式亟须创新

长期以来，我国乡村治理主要采用的是自上而下、上传下达、包保责任、层层落实的单轨治理模式，是一种被动式的乡村治理。随着改革的深入，乡村治理主体逐步由一元向多元转变，尽管理论上多元共治的治理体系是非常科学的，但实践中存在一定难度。主要是农村税费改革后基层政府受到有效约束，在提高规范化的同时，治理能力也被弱化，乡镇政府在治理过程中倾向于“只问结果、不管手段”，奉行“摆平就是水平、搞定就是稳定、无事就是本事、妥协就是和谐”的“为官之道”。与此同时，农村各类社会组织尚未能发育健全，乡村自治组织存在“权力上移、事务下移”的行政化倾向，农民参与治理积极性不高和个体权利过度伸张并存，基层法治力量薄弱，干部群众法治意识淡薄，乡村传统伦理道德“软约束”弱化，导致多元治理互动格局尚未有效形成。

（三）基层党组织有待规范提升

基层党组织是乡村治理的领导者和战斗堡垒，但是在城镇化、工业化进程下，大量优秀中青年农民进城务工，导致大部分村级党组织班子成员年龄偏大、文化程度偏低、工作能力不强，基层党组织书记带领群众共同致富的能力与群众致富的迫切愿望不相适应，缺少年轻有为的后备力量。在组织建设上，虽经大力整顿，软弱涣散的基层党组织仍然存在，基层民主管理制度不健全，许多农村党组织“三会一课”等制度建设流于形式，乡村干部“微腐败”问题时有发生。

五、城乡融合发展体制机制尚不完善

城乡资源要素自由流动依然面临诸多体制障碍，城乡产业融合发展机制不健全，成为城乡发展不平衡、不协调的重要原因。

（一）城乡要素自由流动不畅

长期以来，人、地、钱等资源要素从农村单向流入城市，导致农村发展缺乏要素支撑。在人力资源要素方面，城乡二元户籍壁垒没有根本消除，农业转移人口市民化进展缓慢，城市人才入乡的激励机制不健全。在土地要素方面，城乡统一的建设用地市场尚未建立，农地流转不畅、产业发展配套用地缺乏、“两权”抵押贷款难等问题普遍存在，农村集体经营性建设用地入市尚未大规模推广，且面临价格形成机制不完善、收益分配机制不健全难题；农村宅基地“三权分置”改革进展较慢，有偿退出和有偿使用难。在资金要素方面，财政支农资金使用效率低、整合困难，城市工商资本下乡限制多、权益保护不力，城乡金融资源配置严重失衡，农村金融创新不足、信贷成本高企，金融风险分散和防范机制不健全，涉农主体普遍面临资金短缺困境。

（二）城乡产业融合互促不够

计划经济时期形成的城乡二元经济结构依然阻碍着农业现代化进程。从产业链看，农村一二三产业融合发展不深，乡村旅游发展步伐偏慢、规范化和标准化水平偏低，农业功能和乡村资源挖掘开发不够，小农家庭经营为主的农业生产经营体制无法有效对接城市大市场。从价值链看，产中环节的收益与产后环节的收益脱节，农民分享产业链增值收益偏小。从融合平台看，特色小镇、各类农业园区等城乡产业协同发展平台市场化建设运营机制不健全，开发模式不成熟，同质化竞争普遍，发展活力不足。

六、乡村人力资源短缺

随着乡村常住人口的持续减少，农村空心化、人口老龄化、人才匮乏成为影响和制约农业农村发展的一大瓶颈。

（一）农村人口空心化、老龄化和低学历现象突出

随着我国城镇化的快速推进，农村人口不断减少。2012—2019 年，我国农村常住人口减少 9 060 万人，每年外出进城农民工超过 1 亿人，农村人口的“空心化”逐渐演变为涉及人口、土地、产业和基础设施的农村地域“空心化”。全国第六次人口普查资料显示，2010 年我国农村 60 岁以上老年人口占农村人口比重为

14.98%。2015 年全国 1% 人口抽样调查数据显示，这一比例已经快速上升到 18.47%，农村老年人口总量接近 1.12 亿。农业从业者老龄化更为严重，第三次全国农业普查数据显示，2016 年末，我国农业生产经营人员中 55 岁及以上的人口占 33.6%，越是发达地区该比例越高（见表 4–4）。由于大量高素质劳动力涌向城市，再加上农村教育滞后，农村人口受教育水平严重偏低。2006 年，全国农村劳动力平均受教育年限仅有 7.3 年，2016 年末，农业生产经营人员中，初中及以下受教育程度占比依然高达 91.7%（见表 4–4）。

表 4–4　第三次农业普查农业生产经营人员结构　　单位：%

结构	全国	东部地区	中部地区	西部地区	东北地区
人员年龄构成					
35 岁及以下	19.2	17.6	18.0	21.9	17.6
36 岁至 54 岁	47.2	44.5	47.6	48.6	49.8
55 岁及以上	33.6	37.9	34.4	29.5	32.6
受教育程度构成					
未上过学	6.4	5.3	5.7	8.7	1.9
小学	37.0	32.5	32.7	44.8	36.1
初中	48.3	52.5	52.6	39.9	55.0
高中或中专	7.1	8.5	7.9	5.4	5.6
大专及以上	1.2	1.2	1.1	1.2	1.4

资料来源：国家统计局。

（二）人才短缺成为制约乡村振兴的最大“瓶颈”

乡村培养人才、引进人才、留住人才难度较大，乡村经济社会发展各项事业缺乏足够的人才支撑。城镇更高的收入水平和更好的发展机会，吸引农村大批优秀人才通过升学、务工、参军等方式流出。乡村人才培育机制不健全，高素质农民和农村实用人才培育有待加强、认定管理机制有待完善、扶持政策有限，乡村工匠、文化能人、非遗传承人作用发挥受到资金、场地等因素制约。吸引城市人才入乡的社会保障、子女就学、职称待遇等激励政策尚未完善，缺乏引进来、留下来、干得好的系统支持政策，个性化、跟踪式服务不足，导致在外乡贤、原籍大学生以及优秀外出务工人员入乡返乡创新创业难，科技特派员、大学生村官以及各类专业社会人才服务“三农”的长效机制尚未形成。

学习贯彻习近平新时代中国特色社会主义经济思想

做好"十四五"规划编制和发展改革工作

| 系列丛书 |

第五章

以习近平新时代中国特色社会主义经济思想为指导做好"十四五"乡村振兴工作

“十四五”时期是我国全面建成小康社会、实现第一个百年奋斗目标之后，乘势而上开启全面建设社会主义现代化国家新征程、向第二个百年奋斗目标进军的第一个五年，乡村振兴战略进入全面深入实施阶段，加快乡村发展，补齐短板弱项，是“十四五”时期解决我国发展不平衡不充分矛盾的内在要求。要深入学习贯彻习近平新时代中国特色社会主义经济思想，全面落实习近平总书记关于实施乡村振兴战略的重要论述，准确把握实施乡村振兴战略的思路、要求和基本原则，围绕推动乡村产业、人才、文化、生态和组织振兴，科学谋划基本目标、工作任务和政策举措，积极推动农业全面升级、农村全面进步、农民全面发展，为走好中国特色社会主义乡村振兴道路奠定坚实基础。

第一节

明确发展思路

一、处理好乡村振兴与新型城镇化的关系

新时代我国社会主要矛盾已经转化为人民日益增长的美好生活需要和不平衡不充分的发展之间的矛盾。从城乡关系来看，农业农村发展滞后是发展不平衡不充分最突出的表现。乡村振兴战略是新时代“三农”工作总抓手，新型城镇化是解决农业农村农民问题的重要途径。乡村振兴和新型城镇化两者不是对立的关系，而是相辅相成、相互促进的关系。实施乡村振兴战略要发挥好新型城镇化辐射带动作用，围绕产业兴旺、生态宜居、乡风文明、治理有效、生活富裕要求，促进城镇和乡村的全方位对接统筹。建立健全有利于

城乡要素合理配置的体制机制，促进各类要素更多向乡村流动，形成人才、土地、资金、信息在乡村的良性循环，为乡村产业发展提供强有力的基础。建立健全有利于城乡基础设施一体化发展的体制机制，把公共设施建设重点放在乡村，实现城乡基础设施统一规划、统一建设、统一管护，推动城乡基础设施互联互通和城镇公共服务设施向农村延伸，改善农村人居环境。建立健全有利于城乡基本公共服务普惠共享的体制机制，推动公共服务向农村延伸，社会事业向农村覆盖，建立城乡一体的基本公共服务体系，推进城乡基本公共服务标准统一、制度并轨。建立健全有利于乡村经济多元化发展和社区治理有效的体制机制，借助新型城镇化提升乡村人员就业技能和文化素养，推动农村居民发展理念和生产生活方式的转变，有利于保护乡村优秀文化传统，夯实乡村文化根基，也有利于向乡村推广城镇社区治理的先进理念和治理方式，促进乡村有效治理。

二、处理好长期目标与短期目标的关系

我国农业农村发展基础差、底子薄、长期以来城乡分割的二元经济社会结构导致农业农村发展滞后的状况尚未根本转变，农业农村仍是现代化建设中最薄弱的环节，实施乡村振兴战略是一项长期的历史性任务。从长期看，要按照乡村振兴战略的总要求，落实农业农村优先发展方针，构建可持续发展的长效机制。从短期

看，要紧密结合实际，确定阶段性目标。各地编制实施乡村振兴战略规划或方案时要克服急躁心态，保持足够的历史耐心，遵循乡村建设规律，体现乡村建设的历史延续性。结合各地乡村人口流动趋势、产业发展基础和自然人文禀赋等，科学研判乡村长期发展趋势，着眼长远目标和短期要求，注重质量，有序推进。同时，根据“十四五”时期发展基础和阶段性条件，抓住乡村振兴的主要矛盾和矛盾的主要方面，找准突破口，排出优先序，制定符合不同发展阶段的目标和重点任务。

三、处理好发挥市场作用与政府作用的关系

乡村振兴着眼于解决农业农村发展深层次矛盾，要进一步解放思想，坚持市场化方向推进新一轮农村改革。聚焦农民和土地的关系、农民和集体的关系、农民和市民的关系，推进发挥市场机制与功能，完善农村产权制度和农村要素市场化配置，激活农民作为市场主体的潜力。发挥市场作用，通过组织制度改革与创新，提高农民组织化程度和乡村治理现代化水平，促进农户、合作社、农业经营组织等协同发展，引导市场主体参与乡村振兴。坚持以市场需求为导向，深化农业供给侧结构性改革，引入新的制度、技术和商业模式，让市场在资源配置中真正发挥决定性作用，不断提高农业综合效益和竞争力。优化农村创新创业环境，放开搞活农村经济，培育乡村发展新动能。

政府要发挥有形之手的作用，重点强化乡村振兴制度供给，将政策指引、规划引导、治理有效的要求落到实处。一是坚持政策指引，落实政策支持。结合顶层设计要求，将相关文件精神融会贯通、细化落实到地方实践中。要加大乡村振兴中土地、资金、人才等要素方面的投入和保障，建立公共财政投入优先保障以及公共服务优先安排的体制机制，确保农村公共服务和社会事业投入水平和质量。引导社会各方参与乡村振兴建设，盘活乡村要素资源，激发乡村发展活力，破解影响乡村振兴的机制体制性障碍。二是坚持规划引导，推动示范引领。科学编制规划，确保乡村振兴工作有章可循，有据可依，推动乡村振兴规划与国土空间规划、产业规划、经济社会发展规划等规划相融合。地方政府应立足乡村资源禀赋条件和经济社会发展基础，推动顶层设计和基层实践探索良性互动和有机结合。尊重并发挥基层首创精神，总结提炼乡村振兴模式，发挥示范引领作用。三是坚持夯实治理有效基础，提升治理水平。围绕乡村治理有效的目标，健全乡村振兴法规制度，加强农民权益保护、市场监管和法治宣传等工作，创新乡村治理模式，提升乡村治理能力水平。

四、处理好顶层设计与基层探索的关系

党的十九大提出乡村振兴战略以来，中共中央、国务院先后印发实施了《关于实施乡村振兴战略的意见》《乡村振兴战略规划

（2018—2022年）》《关于建立健全城乡融合发展体制机制和政策体系的意见》等一系列文件，提出了户籍制度改革、建立城乡统一的建设用地市场、加大农村投入和金融支持等促进城乡融合发展的政策，明确细化了乡村振兴的目标、任务和要求，不断完善顶层设计，为地方实践探索指明了方向，提出了要求。各地要根据自身实际特点和需求，不照搬、不套用既有模式，制定落实细化乡村振兴实施方案。科学把握乡村差异性，因地制宜，谋划乡村发展具体目标和任务。尊重基层首创精神，调动广大农民群众的积极性、主动性和创造性，引导农民自主实施人居环境整治、基础设施建设和乡村民主治理等，鼓励各地探索适宜本地的乡村振兴路径模式。同时要注重基层经验、模式的总结提炼，为全国乡村振兴提供可复制、可推广的经验。

五、处理好增强群众获得感和适应发展阶段的关系

增强群众获得感要围绕农民群众最关心、最直接、最现实的利益问题，不搞形式主义和“形象工程”，加快补齐农村发展和民生短板，重点抓好农村交通运输、农村饮用水、农田水利、农村生态环境治理、乡村物流、宽带网络等基础设施建设，不断缩小城乡差距，让农业成为有奔头的产业，让农民成为有吸引力的职业，让农村成为安居乐业的家园，让亿万农民有更多实实在在的获得感、幸福感、安全感。地方乡村振兴规划目标的制定，不能超越发展阶段

和现实可能，要坚持尽力而为、量力而行，依据本地经济社会发展条件和趋势，科学评估财政收支状况、集体经济实力和群众承受能力，合理确定投资规模、筹资渠道、负债水平，合理设定阶段性目标任务和工作重点，形成可持续发展的长效机制。

第二节

确立基本原则

一、坚持党管农村工作

党政军民学，东西南北中，党是领导一切的。办好中国的事，关键在党；办好农村的事，关键在党。“三农”问题直接关乎吃饭问题，是治国安邦的头等大事。习近平总书记多次强调，党管农村工作是我们的传统，这个传统不能丢。[1] 在革命、建设、改革各个历史时期，中国共产党都把解决好“三农”问题作为关系党和国家

[1]《习近平在农村改革座谈会上强调 加大推进新形势下农村改革力度 促进农业基础稳固农民安居乐业》（2016 年 4 月 25 日），《人民日报》2016 年 4 月 29 日。

事业全局的根本性问题，始终牢牢掌握党对农村工作的领导权，这是推进农村改革发展的根本保证。

坚持党管农村工作的原则，就要确保党在农村工作中总揽全局、协调各方，保证农村改革发展的正确方向。一是加强党对农村经济建设的领导。着力夯实农业基础地位，确保谷物基本自给、口粮绝对安全，深化农业供给侧结构性改革，构建现代农业产业体系、生产体系、经营体系，坚决打赢脱贫攻坚战，巩固和扩大脱贫攻坚成果。二是加强党对农村社会主义民主政治建设的领导。着力完善基层民主制度，促进农村社会公平正义，不断巩固农村基层政权。三是加强党对农村社会主义精神文明建设的领导。在农民群众中深入开展中国特色社会主义、习近平新时代中国特色社会主义思想宣传教育，加强农村思想道德建设和思想政治工作，不断提高农民科学文化素质和乡村社会文明程度。四是加强党对农村社会建设的领导。坚持保障和改善农村民生，提升农民生活质量，建设充满活力、和谐有序的乡村社会。五是加强党对农村生态文明建设的领导。牢固树立和践行绿水青山就是金山银山的发展理念，建设生态宜居美丽乡村。六是加强农村党的建设。强化农村基层党组织建设，突出政治功能，坚持农村基层党组织领导地位不动摇，确保各级党委特别是县级党委认真履行农村基层党建主体责任。

二、坚持农民主体地位

农民是农业农村发展的主体，也是实施乡村振兴战略的主体。

推进乡村振兴，要依靠农民，把实现好、维护好、发展好农民的根本利益作为农村改革和乡村振兴的出发点和落脚点。在农村发展过程中，农民一直都是充满巨大创造力的群体。改革开放以来的农村发展史上，家庭联产承包、乡镇企业、小城镇发展、农民工进城、土地流转、“三权”分置等都离不开农民的创造。推动乡村振兴，要发挥农民的首创精神，支持和鼓励农民因地制宜、积极探索，凝聚起农民的智慧结晶。

坚持农民主体地位不动摇，关键是要充分保障农民的利益。推进乡村振兴，离不开各类主体的共同参与，特别是推动城市工商资本和人才下乡，为乡村注入新活力。同时，要基于国情和农民切身利益，加强引导，避免偏差。比如推进农村土地改革，必须坚决守住土地集体所有的性质不改变、耕地红线不突破、农民利益不受损三条底线。要让亿万农民共同分享改革发展成果，不断提升农民的获得感、幸福感、安全感。让农民积极参与乡村建设。政府要加强对乡村振兴的引导支持，但不能代替农民决策，更不能违背农民意愿搞强迫命令。要把好事办好，更要让农民群众想得通。

三、坚持绿色发展

习近平总书记强调，推进农业绿色发展是农业发展观的一场深刻革命，良好生态环境是农村最大优势和宝贵财富，要推动乡村生态振兴，坚持绿色发展，让良好生态成为乡村振兴的支撑点。绿色是乡村发展的底色，是乡村的魅力所在。实施乡村振兴战略，要以生态宜居为关键，推进乡村绿色发展，打造人与自然和谐共生发展新格局。

坚持绿色发展理念，要把绿色发展方式贯穿到乡村振兴的全过程，推动形成绿色发展方式和生活方式，正确处理乡村发展和生态环境保护的关系，要像保护眼睛一样保护生态环境，像对待生命一样对待生态环境，坚决摒弃损害甚至破坏生态环境的“高消耗、高污染”农业发展模式。要着力建设农民美好幸福生活，大力推进农村人居环境整治，在全面加强农村突出环境问题综合整治、统筹山水林田湖草系统治理、保护和修复乡村生态、建设生态宜居的美丽乡村等方面加大工作力度。

四、坚持改革创新

习近平总书记指出，实践发展永无止境，解放思想永无止境，改革开放也永无止境，停顿和倒退没有出路，改革开放只有进行时、没有完成时。[1]解决农业农村发展面临的各种矛盾和问题，根本靠深化改革。新形势下深化农村改革，主线仍然是处理好农民和土地的关系。不管怎么改，都不能把农村土地集体所有制改垮了，不能把耕地改少了，不能把粮食生产能力改弱了，不能把农民利益

[1]《关于〈中共中央关于全面深化改革若干重大问题的决定〉的说明》（2013 年 11 月 9 日），《习近平谈治国理政》，外文出版社 2014 年版，第 71 页。

损害了。推动乡村振兴，是一项长期而艰巨的任务，必须推进农村改革不断深化，向改革要发展动力。

坚持不断深化农村改革，激发农村发展新活力，一是突出抓好农村改革的关键环节。重点是打通城乡要素合理流动的渠道，解决好人、地、钱三个问题。围绕解决好“人”的问题，培养和吸引各类人才投身乡村建设；围绕解决好“地”的问题，强化乡村振兴制度性供给，保障乡村建设发展的用地需要；围绕解决好“钱”的问题，通过农村产权制度改革等多种措施，在强化财政投入的基础上，引入多方资本，下大气力解决基础设施、公共服务等欠账较多的问题，加快补齐短板。二是抓实目标任务。围绕体制机制创新，自觉运用改革思维和改革办法推进各项工作，区分轻重缓急，优先推进、重点保障党中央明确的重要改革任务、地方破解发展难题迫切需要的改革任务、同群众切身利益紧密相关的改革任务。精准落地要抓实，对症下药，制定实施方案直奔问题去，充分调研论证，突出针对性和可操作性。三是提高农村改革系统集成能力。着力抓实探索创新，在党管农村的总体前提下，加强改革的整体设计，提高改革举措的系统性、整体性、协调性，鼓励基层创新，形成改革者上、不改革者下的用人导向。在明确建立改革容错机制的基础上，注重跟踪问效，及时总结经验，纠正偏差，切实汇集各方力量，广泛凝聚共识，为乡村振兴注入改革动力。

五、坚持因地制宜

百里不同风，十里不同俗。我国农村的情况千差万别，各地发展的基础不尽相同，要遵循乡村发展规律，科学把握乡村的差异性和发展走势分化特征，立足乡村发展基础和需求，注重地域特色，体现乡土风情，因地制宜、科学规划、各美其美。

统筹城乡国土空间开发格局，优化乡村生产生活生态空间，打造各具特色的现代版“富春山居图”。一是按照主体功能定位，对国土空间的开发、保护和整治进行全面安排和总体布局，推进“多规合一”，加快形成城乡融合发展的空间格局。二是坚持人口资源环境相均衡、经济社会生态效益相统一，打造集约高效生产空间，营造宜居适度生活空间，保护山清水秀生态空间，延续人和自然有机融合的乡村空间关系。三是顺应村庄发展规律和演变趋势，根据不同村庄的发展现状、区位条件、资源禀赋等，科学论证哪些村保留、哪些村整治、哪些村缩减、哪些村做大，按照集聚提升、融入城镇、特色保护、搬迁撤并的思路，分类推进乡村发展。四是推动不同地区、不同发展阶段的乡村有序实现农业农村现代化。

第三节

聚焦重要领域

一、聚焦农业高质量发展和产业融合，推动乡村产业兴旺

（一）加快传统产业提质增效

推进农业结构调整。坚持稳中求进工作总基调，按照高质量发展的要求，以优化农业产能和增加农民收入为目标，以保护粮食生产能力为底线，立足市场需求，坚持质量兴农、品牌强农。在确保一定自给水平的基础上，统筹调整种养殖业生产结构，有序调减非优势品种种植和养殖，加快发展粮经饲统筹、种养加一

体、农牧渔结合的现代农业。一是科学确定调整方向。以促进农民增收、提升产品品质和生态安全为目标，立足市场需求和农民增收预期，选择农民接受程度高、种养模式成熟、技术可行、产品品质优良和经济效益好的品种推广种植，引导农产品生产从产量增加向质量提升转变。二是合理设定调整目标。根据本地资源禀赋、农民意愿和生产条件，合理确定农业结构调整规模、增收预期和时间进度，制定科学可行的目标，扎实推进。三是做好重点区域建设布局。充分考虑种养条件和生态安全要求，科学确定特色农产品种养基地和核心区域，完善农业生产基础设施配套，改善种养环境和条件，提升畜禽良种繁育、饲草料产业配套等方面的能力。

发展特色优势产业。立足本地资源禀赋和历史文化基础，有序开发优势特色资源，实施产业强县和产业强镇工程，创建特色鲜明、优势集中、市场竞争力强的特色优势产业。加强特色农产品优势区建设，推进以特色农产品生产、加工、流通、销售产业链为基础，集科技创新、休闲观光、配套农资生产和制造融合发展的特色农业产业集群，努力打造一批“中国第一、世界有名”的特色农产品优势区，逐步形成世界闻名的特色农业产业带，增强绿色优质特色农产品供给，持续带动区域经济增长和农民增收。

培育农产品品牌。深入实施品牌强农战略，推进中国农业品牌目录制度建设，建立健全政策体系。夯实农业品牌基础，加强农产品质量安全监管，将品牌认证主体及其产品纳入农产品质量安全监管者追溯系统，完善农产品质量安全风险评估和监测预警体系，建立健全应急处置机制。加快农业品牌标准建设，构建评价标准体系。创新农业品牌营销，深入挖掘农耕文化价值，推动“文化＋技术＋平台”与品牌营销深度融合。支持优秀农业品牌参加国际知名展会，打造一批具有国际竞争力的知名农业品牌。

（二）推动一二三产业深度融合

发掘农业新功能新价值。积极引进和培育农业龙头企业、农业合作社等主体，延伸农产品加工产业链，发挥企业、科技园区和农业园区等部门科研和示范带动作用，推动农产品初加工、精深加工产业发展，促进产业附加值增加。顺应城乡居民消费扩容提质的趋势，立足本地资源禀赋，深入发掘农业农村生态涵养、休闲观光、文化体验、健康养老等功能和价值。培育新型经营主体，采用市场化运作管理方式，推进乡村特色产品、生态景观、历史文化等价值和功能融合，丰富特色产品和文旅产业内涵，形成地方乡村产业发展新的亮点和消费热点。

培育新产业新业态。发挥“互联网＋”的带动作用，推进农村电子商务发展。夯实农村电子商务基础设施建设，提高农村宽带普及率和农村公路网建设。在农业生产、加工、流通等环节，加强互联网技术应用和推广，集中实现农产品商品化、品牌化和电商化。创新农产品电商销售模式，积极对接引进电商平台、物流企业等专业运营公司，带动组织农民和农业经营主体生产，完善农村物流体系和产销体系，发展农超、农社、会员宅配等产销对接的新型流通业态。推进农村电子商务发展的同时，要注重农产品生产、供应方面的标准监管和落实，确保产品品质和质量安全，增强农业生产适应市场需求的能力。发挥“旅游 +”带动作用，利用文物古迹、传统村落、文化技艺和非物质文化遗产等优势，推进休闲农业、科普体验、红色旅游等乡村旅游项目建设，促进传统乡村旅游业态升级。立足特色农业基础，融合乡村山地、森林、水域等自然景观资源，以田园综合体、农业公园和郊野公园等为重要载体，发展休闲观光，度假娱乐等产业。推动科技、人文等要素融入农业，发展乡村共享经济、创意文化等新业态。充分利用农村土地、闲置宅基地、闲置农房等资源，结合乡村旅游产业发展，开发建设乡村民宿和养老基地，丰富乡村旅游服务业态。

打造新载体新模式。创新项目载体和模式是促进乡村产业发展的重要抓手。运用发挥好农业产业园区、农商产业联盟和特色小镇等平台载体，将科学技术、商业运营、资金等要素与乡村业态融合，是促进乡村产业发展的重要路径。地方实践中，积极争取现代农业产业园、农业科技园区、农产品加工园、农村产业融合发展示范园等政策支持，依托园区的科学技术支持和成熟的商业运作模式，延伸农业产业链，促进农业多种功能、多种业态融合。发挥地方农商产业联盟、农业产业化联合体等主体作用，促进集农业生产、加工、销售于一体的产业集群，借助现代经济的资本、人才、技术、信息和市场等因素，增强特色产业竞争力。发挥农业特色小镇的要素集聚作用，融合农业特色产业、旅游、文化和社区服务等功能，推动城市交通、通信、教育、医疗等基础设施和服务体系向特色小镇延伸，使特色小镇成为推进一二三产业融合，联结乡村与城市的重要载体。积极发挥农村试点示范作用，推进田园综合体建设和农村循环经济试点建设，推动乡村产业发展与新型城镇化相结合。

（三）完善现代农业发展支持体系

积极培育壮大新型农业经营主体。以提高农业产业集约化、专业化、组织化和社会化水平为目标，培育壮大新型农业经营主体，开展多种形式的适度规模经营。推动家庭农场高质量发展，提升农民合作社发展质量，引进农业龙头企业，建设现代企业制度促进企业发展壮大。制定完善针对新型经营主体的税收、资金、土地等方面的支持政策，鼓励工商资本参与农业产业化经营，推进新型农业经营主体，提升生产和经营管理水平。鼓励发展以农业产业化龙头企业带动、农民合作社和家庭农场跟进、小农户参与的产业化联合体。

强化科技装备支撑。以加快农业科技进步，提高农业科技自主创新水平、成果转化水平为目标，强化农业科技支撑。发挥国家农业科技园区、农业产业园区的科技研发、孵化和成果转化作用，结合地方农业生产基础和条件，加强种业、食品加工、农机装备、农业污染防治、农村环境整治等方面的科研创新、科技转化和推广工作。推进农机农艺融合、机械化信息化融合，农机服务模式与农业适度规模经营相适应，机械化生产与农田建设相适应，推动农业机械化向全程、全面、高质、高效转型升级。贯彻落实国家对涉农技术创新市场导向建设和产学研用合作的要求，搭建农业科技服务和成果转化网络，探索农业科研成果转化推广激励和利益分享模式。探索公益性和经营性农技推广融合发展机制，推进技术交易、应用和示范推广。

加大对农业科技人才的培育和支持，积极吸引高校、科研院所和科研人员参与乡村振兴农业科技服务，赋予科研人员科技成果所有权，通过研发合作、技术转让、技术许可和作价投资等方式，促进农业科技成果转化。鼓励科研人员到乡村兼职和离岗创业，探索完善其在涉农企业技术入股、兼职兼薪机制。加强基层农业技术推广体系，创新公益性农技推广服务方式，吸引各类社会力量参与农技推广，全面实施农技推广服务和协同推广。

建立健全农业服务支持体系。以提升农业质量效益和竞争力为目标，谋划一批打基础、管长远、影响全局的重大工程，加快提升农业基础设施水平。强化绿色发展导向，鼓励对农业标准化生产和绿色发展方面的支持。积极探索农业保险支持模式，鼓励地方保险金融机构、农业部门联合设计多层次、可选择、不同保障水平的保险产品，开发适应不同经营主体需求和不同种类生产模式的保险品种，增强农业抗风险能力。

构建紧密型利益联结机制。以促进农民更多分享增值收益为目标，着力增强农民参与融合能力，创新收益分享模式，发挥政策引导和激励机制。提高农民参与程度，探索农民、农民合作社及其联合社和农村集体经济组织依托土地、林权、资金、劳动、技术、产品等挖掘发挥资源和资产经济价值，通过开展股份制、合作制、股份合作制、租赁等形式，与其他经营主体开展多种形式合作，参与产业融合发展。发挥社会化服务组织的力量，开展农技指导，信用评价、保险推广、市场预测、产品营销等服务，为农民参与产业融合创造良好条件。

创新收益分享模式。加快推广“订单收购＋分红”“土地流转＋优先雇佣＋社会保障”“农民入股＋保底收益＋按股分红”等多种利益联结方式，让农户分享加工、销售环节收益。鼓励行业协会或龙头企业与合作社、家庭农场、普通农户等组织共同营销，开展农产品销售推介和品牌运作，让农户更多分享产业链增值收益。鼓励农业产业化龙头企业通过设立风险基金、为农户提供信贷担保、领办或参办农民合作组织等多种形式，与农民建立稳定的订单和契约关系。完善涉农股份合作制企业利润分配机制，明确资本参与利润分配比例上限。

强化政策扶持引导。更好发挥政府扶持资金作用，强化龙头企业、合作组织联农带农激励机制，探索将新型农业经营主体带动农户数量和成效作为安排财政支持资金的重要参考依据。以土地、林权为基础的各种形式合作，凡是享受财政投入或政策支持的承包经营者均应成为股东方。尽量将符合条件的财政资金特别是扶贫资金量化到农村集体经济组织和农户，允许他们以自愿入股方式投入新型农业经营主体，对农户土地经营权入股部分采取特殊保护，探索实行农民负盈不负亏的分配机制。

二、聚焦绿色发展和农村环境整治，推动乡村生态宜居

（一）推进农业绿色发展

强化资源保护与节约利用。实施农业节水行动，建设节水型乡村。对接国土空间规划，实施农用地分类管理，严格控制未利用地开垦，落实和完善耕地占补平衡和基本农田保护制度。合理确定轮作休耕数量和用地布局，降低耕地开发利用强度。实施东北黑土地保护性耕作行动计划，促进东北地区黑土地保护和农业可持续发展。实施海洋渔业资源总量管理、海洋渔船“双控”和休禁渔制度，科学划定江河湖海限捕、禁捕区域，建设水产种质资源保护区和海洋牧场。

推进农业清洁生产。结合农业结构调整和农业产业发展方向，落实融合农业清洁生产要求。推进农林产品加工剩余物和畜禽粪污资源化利用、废旧地膜和包装废弃物回收处理、化肥农药减量施用、种养循环一体等清洁生产技术应用。加强农业投入品规范化管理，健全投入品追溯系统，完善农药风险评估技术标准体系，严格

饲料质量安全管理，农村有机废弃物收集、转化、处理和利用网络体系等技术体系和标准应用。加快落实养殖水域滩涂规划制度，科学确定河湖水库、近岸海域网箱养殖规模。探索农林牧渔融合循环发展模式，修复和完善生态廊道，恢复田间生物群落和生态链，建设健康稳定田园生态系统。

集中治理农业环境突出问题。明确农业环境污染的来源和重点区域，落实土壤污染防治行动计划，开展土壤污染状况详查，明确治理目标和方式，确定受污染耕地分类管理和安全利用方式，对重有色金属矿区、农业面源污染区域进行重点综合防治和修复。制定地下水漏斗区、地表水过度利用区用水总量控制目标，完善地下水超采治理措施。分析工业和城镇污染源、污染类型和污染程度，制定污染处理、达标排放要求，推动环境监测，严禁未经达标处理的城镇污水和其他污染物进入农业农村。

（二）持续改善农村人居环境

提升农村垃圾处理水平。垃圾是农村环境治理的首要难题，“十四五”时期，要根据农村生产生活特点，提高农村生活垃圾无害化处理水平，建立符合农村实际、方式多样的生活垃圾收集、运输和处理体系，加大城市垃圾处理设施网络向农村延伸，有条件的地区推行垃圾就地分类和资源化利用，优先整治重要饮用水水源地周边和水质需要改善控制单元内的垃圾。

扎实推进农村“厕所革命”。立足于地方生活特点，突出干净卫生、节能环保等实用功能，制定厕所建设改造标准和目标，推广普及卫生厕所，加快农村公共卫生厕所和户用厕所建设和改造力度，加强厕所粪污无害化处理和资源化利用。

加强农村生活污水治理。根据农村人口和生活水平情况合理预测农村生活污水处理量，结合处理范围和污水处理规模，因地制宜，采取城带村、镇带村、联村、单村、联户、单户等模式，合理优化调整农村生活污水处理设施和管网布局，推动城镇污水管网向村庄延伸覆盖，梯次推进农村生活污水治理。加快消除污水废水直排现象和农村黑臭水体，加强农村饮用水水源地保护。

着力改善村容村貌。推进村庄规划编制工作，科学规划村庄建筑布局，大力提升农房设计水平，突出乡土特色和地域民族特点。加快推进通村通组道路、入户道路建设，基本解决村内道路泥泞、村民出行不便等问题。明确乡村绿化、村庄公共照明设施配套建设计划和资金保障方式。发动农户积极参与公共空间和庭院环境整治，推进城乡环境卫生整治工作，持续开展村庄清洁行动。综合改善田水路林村风貌，推进美丽乡村建设。

（三）加强乡村生态修复与保护

统筹推进乡村生态修复与保护。综合乡村产业发展、生态环境治理等要求，统筹山水林田湖草系统治理、水土流失治理、土地综合整治等项目和工程，推进土地、森林、草原、河湖、湿地等重要生态系统保护与修复，促进乡村生产生活环境稳步改善，自然生态系统功能和稳定性全面提升，生态产品供给能力进一步增强。

推进造林绿化。依据国土空间规划和林业发展规划的要求，结合城乡生态景观建设重点工程，扩大造林绿化面积，明确新增森林面积目标。扩大重点生态涵养区的造林绿化面积，提高林分质量和功能效益。

改善水生态环境。实施最严格水资源管理制度，控制水资源消耗总量和强度，推进农村用水规范化、标准化和精细化管理，提高水资源利用效率。大力推进重点流域综合治理和水生态修复工程建设，持续提升水环境质量。

发挥自然资源多重效益。积极促进农村生态优势向绿色发展优势转化，在符合相关规划要求的前提下，合理对森林、草地、湿地等自然资源进行保护性开发利用，发展生态旅游和生态农业等特色产业，鼓励农民和集体经济组织参与相关经营活动，探索提升自然资源效益促进农民增收的有效实现路径。

三、聚焦文化传承和农民精神风貌，推动乡村乡风文明

（一）加强农村思想道德建设

坚持教育引导、实践养成、制度保障三管齐下，采取符合农村特点的方式方法和载体，注重寓教于乐、寓教于行、寓教于事，推

动社会主义核心价值观转化为农民的情感认同和行为习惯。发挥基层党组织、基层单位、农村社区的作用，加强农村群众性思想政治工作。定期开展乡村振兴政策宣传和解读，合理引导社会预期。发挥基层社区的作用，组织开展形式多样、内容丰富、发动群众广泛参与的精神文明活动。深化中国特色社会主义和中国梦宣传教育，注重诚信道德等典型示范，大力弘扬民族精神和时代精神。

（二）保护利用乡村传统文化

弘扬中华优秀传统文化，立足乡村文明，吸取城市文明及外来文化优秀成果，在保护传承的基础上，创造性转化、创新性发展，不断赋予时代内涵、丰富表现形式，为增强文化自信提供优质载体。

实施农耕文化传承保护工程，从传承中华传统优秀文化、增强发展软实力的战略高度，深入挖掘农耕文化中蕴含的优秀思想观念、人文精神、道德规范。划定乡村建设的历史文化保护线，保护好传统村落、民族村寨、传统建筑等文物古迹，传承传统建筑文化、竹编、年画等非物质文化遗产，将乡村文化融入乡村建设与保护。紧密结合特色小镇、美丽乡村建设，深入挖掘乡村特色文化符号，盘活地方和民族特色文化资源，走特色化、差异化发展之路。

（三）提升乡村公共文化服务水平

推动城乡公共文化服务体系融合发展，增加优秀乡村文化产品和服务供给，活跃繁荣农村文化市场，为广大农民提供高质量的精神营养。

健全公共文化服务体系。加强基层综合性文化服务中心建设，实现乡村两级公共文化服务全覆盖。发挥市县级图书馆、文化馆的辐射带动作用，按照有标准、有网络、有内容、有人才的要求，推动城乡一体的综合文化服务标准建设。实施公共数字文化工程，积极发挥新媒体作用，使农民群众能便捷获取优质数字文化资源。完善乡村公共体育服务体系，推动乡村健身设施全覆盖。

增加公共文化产品和服务供给。建立农民群众文化需求反馈机制，采取灵活多样的公共文化服务方式，为农村地区提供更多更好的公共文化产品和服务。根据本地农村群众文化特点，发动各级文艺组织和文艺工作者，推动形成具有鲜明地方特色和社会影响力的农村公共文化服务产品和项目。

广泛开展群众文化活动。培育扶持乡村文化人才，加强基层文化队伍培训，传承和发展形式多样、内容丰富、群众参与意愿强的农村群众性文化体育活动和节日民俗活动。

四、聚焦基层管理服务和组织振兴，推动乡村有效治理

大力推进农村基层治理体系建设，创新治理方式，提升治理能力，走中国特色社会主义乡村善治之路，建设充满活力、和谐有序的乡村社会。

（一）加强农村基层党组织领导

加强党组织领导。坚持农村基层党组织领导核心地位，健全以党组织为核心的组织体系，以建制村为基本单元设置党组织，加强农村新型经济组织和社会组织的党建工作。为了进一步巩固提升脱贫成果，防止贫困村返贫，应将“第一书记”选派工作长期化、机制化，提升基层组织治理水平。

加强农村基层党组织带头人队伍建设。加大对本村致富能手、外出务工经商人员、本乡本土大学毕业生、复员退伍军人的培养选拔力度。完善农村后备干部选拔和储备机制，确保优秀农村干部的可持续性。

加强农村党员队伍建设。加强农村党员教育、管理、监督，推进“两学一做”学习教育常态化制度化，教育引导广大党员自觉用习近平新时代中国特色社会主义思想武装头脑。严格党的组织生活，全面落实“三会一课”、主题党日、谈心谈话、民主评议党员、党员联系农户等制度。加强农村流动党员管理，加大在青年农民、外出务工人员、妇女中发展党员力度。

强化农村基层党组织建设责任与保障。推动全面从严治党向纵深发展、向基层延伸，将抓党建促脱贫攻坚、促乡村振兴情况作为每年市县乡党委书记抓基层党建述职评议考核的重要内容，纳入巡视、巡察工作内容，作为领导班子综合评价和选拔任用领导干部的重要依据。层层压实党组织建设责任，加强对重点领域和重点环节的监管，建立科学的考核制度，为优秀农村干部选拔提供依据。

（二）促进自治、法治、德治有机结合

深化村民自治实践。加强农村群众性自治组织建设。完善农村民主选举、民主协商、民主决策、民主管理、民主监督制度。规范村民委员会等自治组织选举办法，健全民主决策程序。依托村民会议、村民代表会议、村民议事会、村民理事会等，形成民事民议、民事民办、民事民管的多层次基层协商格局。创新村民议事形式，完善议事决策主体和程序，落实群众知情权和决策权。全面建立健全村务监督委员会，健全务实管用的村务监督机制，推行村级事务阳光工程。充分发挥自治章程、村规民约在农村基层治理中的独特功能，弘扬公序良俗。继续开展以村民小组或自然村为基本单元的村民自治试点工作。加强基层纪委监委对村民委员会的联系和指导。

推进乡村法治建设。深入开展“法律进乡村”宣传教育活动，增强基层干部和农民群众法治观念和意识。把政府各项涉农工作纳入法治化轨道，维护村民委员会、农村集体经济组织、农村合作经济组织的特别法人地位和权利。深入推进综合行政执法改革向基层延伸，创新监管方式，推动执法队伍整合、执法力量下沉，提高执法能力和水平。加强乡村人民调解组织建设和健全农村公共法律服务体系，增强乡村法治服务能力。妥善处理农民群众合理诉求，调处化解乡村矛盾纠纷。重视农民在土地承包、征地拆迁、农民工工

资、环境问题等方面的合法诉求和权利，着眼根本，持续整治侵害农民利益的各种行为，畅通农民利益诉求表达渠道，维护好农民群众的合法权益。要坚持和发展新时代“枫桥经验”，相信群众、依靠群众，就地解决问题，从源头上预防和减少矛盾纠纷。

推进农村移风易俗。要加强党组织的领导，发挥党员干部的带头作用，总结推广“红白理事会”、道德评议会、村规民约，治理大操大办、不赡养父母的做法，通过引导农民群众自我管理、自我约束、自我提高，推进农村移风易俗，孕育社会好风尚。

强化典型示范。大力开展“文明村镇”“星级文明户”“五好家庭”等创建活动，广泛开展“农村道德模范”“最美邻里”“身边好人”等选树活动，大力宣传先进典型，发挥好示范引领作用，形成争相弘扬文明乡风的浓厚氛围。

建设平安乡村。完善县乡村三级综治中心功能和运行机制，落实基层社会治安综合治理责任，推动社会治安防控力量下沉，将扫黑除恶和基层反腐相结合，维护农村平安稳定。推进网格化管理和服务，全面排查整治农村食品安全、消防、道路安全、安全生产等各类安全隐患，坚决遏制重特大安全事故，全面防范和化解农村不稳定因素。

（三）健全现代乡村治理体系

充分发挥党组织领导作用。认真落实《中国共产党农村基层组织工作条例》，着力加强制度建设，全面落实村党组织书记县级党委备案管理制度，建立健全村务监督机制，健全村干部干事创业机制，选优配强乡镇领导班子特别是乡镇党委书记，推动农村基层党组织全面进步、全面过硬。

加强基层组织服务能力。准确把握县级是“一线指挥部”、乡镇是为农服务中心、行政村是基本治理单元的职能定位，推动县乡村三级根据各自职能，明确重点、分级负责。坚持县乡村联动，推动社会治理和服务重心向基层下移，把更多资源下沉到乡镇和村，加强乡镇领导班子建设，提高乡村治理效能。

创新基层管理服务方式。明确县乡财政事权和支出责任划分，改进乡镇财政预算管理制度。推进乡镇协商制度化、规范化建设，创新联系服务群众工作方法。推进直接服务民生的公共事业部门改革，改进服务方式，最大限度方便群众。以群众满意度为考核方向，推动乡镇政务服务事项“一窗式”办理、部门信息系统“一平台”整合、社会服务管理大数据“一口径”汇集，不断提高乡村治理智能化水平。健全监督体系，规范乡镇管理。

五、聚焦民生保障和公共事业建设，促进农民生活富裕

（一）稳定和拓宽农民增收渠道

坚持就业优先战略和积极就业政策，健全城乡均等的公共就业服务体系，不断提升农村劳动者素质，拓展农民外出就业和就地就

近就业空间，实现更高质量和更充分就业。

拓宽和稳定农民就业渠道。增强经济发展创造就业岗位能力，拓宽农村劳动力转移就业渠道，引导农村劳动力外出就业，更加积极地支持就地就近就业。发展富民乡村产业，立足区域特色产业和资源优势，打造各具特色的农业全产业链。结合新型城镇化建设，合理引导产业梯度转移，建设各类产业园区基地，重点培育家庭农场、农民合作社等新型农业经营主体，把农业产业链延伸的增收收益和就业创业机会尽量留给农民。

稳定农民工就业。积极开展有组织的劳务输出。实施乡村就业促进行动，大力发展乡村特色产业，推进乡村经济多元化，提供更多就业岗位。结合农村基础设施等工程建设，鼓励采取以工代赈方式就近吸纳农村劳动力务工。

加强职业技能培训。建立贯穿劳动者学习工作终身、适应就业和人才成长需要的职业技能培训制度，增强职业培训的针对性和有效性。

完善乡村就业服务。加强乡镇、行政村基层平台建设，扩大就业服务覆盖面，提升服务水平。开展农村劳动力资源调查统计，建立农村劳动力资源信息库并实行动态管理。加快公共就业服务信息化建设，打造线上线下一体的服务模式。构建和谐劳动关系，落实就业服务、人才激励、教育培训、资金奖补、金融支持、社会保险等就业扶持相关政策。加强就业援助，对就业困难农民实行分类帮扶。

（二）加强农村基础设施建设

继续大力推进农村基础设施建设，持续加大投入力度，加快补齐农村基础设施短板，促进城乡基础设施互联互通，推动农村基础设施提挡升级。

加强农村交通设施建设。围绕“建好、管好、护好、运营好”的“四好农村路”总目标，制定“四好农村路”建设行动计划，细化落实路网结构、实施道路加宽、路面养护、危桥改造、道路环境改善、完善停车场建设等重点任务。推进乡村公路路网、远郊区客运枢纽站等建设任务。制定农村公路管理养护要求，健全管理养护长效机制。

改善农村地区出行条件，推动城市公共交通线路向城市周边延伸，鼓励发展镇村公交，实现具备条件的建制村全部通客车。加快评估传统村落、民俗村等乡村旅游区域潜力，合理布局开通旅游客运线路，完善乡村慢性交通系统，打造特色骑行路线和绿色步道。落实革命老区、民族地区、边疆地区、贫困地区铁路公益性运输政策，提高生产生活便利度。

统筹规划建设农村物流基础设施，推进农产品电商服务体系建设，加快构建农村物流基础设施骨干网络，建设县（市、区）、乡（镇）、村三级物流体系。实施农产品仓储保鲜冷链物流设施建设工程，从源头解决农产品出村进城“最初一公里”问题。

加强农村水利基础设施网络建设。加强农村供水设施建设。推进城乡一体，集约高效的供水设施建设，根据村庄布局，人口集聚和用水量变化情况，制定集中供水厂、村级供水站、供水管网新建或改扩建计划，推进农村饮用水安全巩固提升工程。完善农村供水计量收费和管理维护机制，积极引入专业公司参与镇村级供水厂投资、建设、运营，提高农村供水保障能力，确保农村饮用水安全卫生。

夯实乡村振兴水利基础。根据农业发展的需求和自然条件，推进高效节水灌溉，推进水利工程建设、灌区续建配套节水改造、管网覆盖、小型农田水利设施达标提质等工程建设，健全基层水利服务体系，确保水利工程长期良性运行。

构建农村现代能源体系。优化农村能源供给结构，大力发展太阳能、浅层地热能、生物质能等，因地制宜开发利用水能和风能。完善农村能源基础设施网络，加快新一轮农村电网升级改造，推动供气设施向农村延伸。加快推进生物质热电联产、生物质供热、规模化生物质天然气和规模化大型沼气等燃料清洁化工程。推进农村能源消费升级，大幅提高电能在农村能源消费中的比重，积极稳妥推进散煤替代。推广农村绿色节能建筑和农用节能技术、产品。大力发展“互联网+”智慧能源，探索建设农村能源革命示范区。

夯实乡村信息化基础。加强乡村电信服务，加快农村地区宽带网络和第四代移动通信网络覆盖步伐，推进城市新一代信息基础设施建设工程向乡村延伸，加快物联网、地理信息、智能设备等现代信息技术与农村生产生活的全面深度融合。深化农业农村大数据创新应用，推广远程教育、远程医疗、金融服务进村等信息服务，建立空间化、智能化的新型农村统计信息系统。在乡村信息化基础设施建设过程中，同步规划、同步建设、同步推进网络安全工作。

（三）增加农村公共服务供给

按照均衡、公平的发展思路，促进公共教育、医疗卫生、社会保障等资源向农村倾斜，推动城乡基本公共服务均等化。

提高农村教育质量。统筹城乡教育资源均衡配置。按照就近上学和提高质量的要求，合理优化农村基础教育学校布局，多渠道增加普惠性学前教育资源供给，有效解决农民工子女上学问题。推进义务教育公办学校标准化建设，实施高中阶段教育普及攻坚计划，县域校际资源均衡配置，提高乡村教育质量。大力发展面向农村的职业教育，加快推进职业院校布局结构调整，加强县级职业教育中心建设，扩大职业教育学校在农村招生规模。

推进健康乡村建设。深入实施国家基本公共卫生服务项目，完善基本公共卫生服务项目补助政策，提供基础性全方位全周期的健康管理服务。加强慢性病、地方病综合防控，大力推进农村地区精神卫生、职业病和重大传染病防治。深化农村计划生育管理服务改革，落实全面两孩政策。增强妇幼健康服务能力，倡导优生优育。加强基层医疗卫生服务体系建设，办好县医院，推进标准化乡镇卫生院建设，完善基层卫生服务院室布局、人员和物资配置，提高卫生机构建设标准和设备标准，消除医疗服务空白点。

加强农村社会保障体系建设。按照兜底线、织密网、建机制的要求，根据经济社会发展水平，进一步完善城乡居民基本养老保险、基本医疗保险、大病保险标准调整机制，适当提高城乡居民基本医疗保险财政补助和个人缴费标准，推进城乡居民医保异地联网结算进度。加大对特困人员、残疾人、农村留守儿童、妇女和老年人动态精准管理，提高服务保障能力和水平。

提升农村养老服务能力。根据农村人口老龄化加剧的形势，建立以居家为基础、社区为依托、机构为补充的多层次农村养老服务体系。合理优化乡镇养老服务机构布局，与农村养老机构相互配合，形成农村基本养老服务网络。提升政府公办养老服务机构建设标准和服务能力，建立具有综合服务功能、医养相结合的养老机构。优先保障村集体建设用地用于养老服务。

加强农村防灾减灾救灾能力建设。坚持以防为主、防抗救相结合，坚持常态减灾与非常态救灾相统一，结合本地乡村特点，编制灾害救助应急预案，健全灾害应对救助和重建恢复体制。建设农村自然灾害预警监测系统，加强防灾减灾工程建设，科学推进农村危房改造工作。大力推进消防设施、救灾物资储备体系建设，全面提高乡村抵御各类灾害的综合防范能力。

第四节

创新工作方法

一、坚持问题导向、目标导向和结果导向相结合

坚持问题导向、目标导向、结果导向是党指导经济工作的重要方针，做好乡村振兴规划和实施工作必须坚持好三个导向。

（一）坚持问题导向

立足解决乡村发展不平衡不充分的问题，聚焦目前农业农村发展中面临的城乡收入、城乡基础设施和城乡公共服务差距大等问题和明显短板，回应农民群众的诉求和期盼。要研判农业农村和城镇化发展阶段，支持乡村振兴的要素市场化配置程度、农业科技发展

水平、农村人才支撑等条件，明确影响乡村振兴的主要因素。在此基础上，围绕问题的根本方面和根本原因，制定有针对性、可行性的措施。

（二）坚持目标导向

坚定不移地贯彻落实乡村振兴的阶段性目标和长远目标，乡村振兴战略的长远目标是实现农业农村现代化，阶段性目标任务总体上分为三个阶段：到2020年，乡村振兴取得重要进展，制度框架和政策体系基本形成；到2035年，乡村振兴取得决定性进展，农业农村现代化基本实现；到2050年，乡村全面振兴，农业强、农村美、农民富全面实现，每个阶段性目标接续递进、梯次实现。要结合当前乡村振兴的基础条件，制定符合地方实际的目标和切实可行的实施保障措施，将目标任务细化分解，落实到各部门的工作目标和任务中，将更多的资源用于农村民生保障和改善。

（三）坚持结果导向

充分考虑乡村振兴工作成果能不能更多、更公平地惠及最广大的农民群众，得到农民的认可，同时确保农业农村经济提质增效，稳步提升，确保农民持续增收。要建立科学合理的质量监控和绩效评价体系，不仅要重视资金投入和项目推进，更要重视发展质量和实际效果是否提升了农民群众的幸福感和获得感。在规划制定、项目推进过程中，要充分听取农民群众的意见，体现规划目标的科学性和民主性，让政策效能贯穿到提高群众满意度的全过程之中。

二、坚持普遍性和特殊性相结合

实现乡村振兴，是着眼于农业农村现代化对我国乡村整体发展提出的普遍性要求。根据不同地区乡村发展现状、区位条件和资源禀赋，乡村振兴又具有特殊性，需要精准规划、分类施策，按照发展潜力将村庄类型划分为集聚提升类、城郊融合类、特色保护类和搬迁撤并类，并分别制定个性化的发展方向和目标，深化细化可行性举措。此外，还要求充分考虑气候特点、地形地貌、民俗文化等地方因素，制定农业生产、基础设施、公共服务的技术和标准要符合地方实际。

三、坚持公众参与和专家咨询相结合

加强规划的公众参与。建立面对面与农民沟通的渠道和平台，以了解农民需求、发掘农村问题和提高规划科学性为目标，设计公众参与方式与路径，是创新规划工作机制和方法的起点。公众参与应注意以下几点：一是乡村振兴规划编制应以广大农民群众需求为出发点，邀请与乡村振兴有直接或间接联系的利益相关者参与，广泛征求意见；二是完善工作机制，在规划编制、审批和实施等环节加强公众参与和监督；三是充分考虑农民群众的接受程度，制定详细的工作思路、工作目标和工作措施，设计涵盖乡村振兴重点任务的讨论主题，通过参与式小组讨论等方式，充分了解建设现状、存在问题和群众需求；四是关注与农民切实相关的民生问题，提高农民的幸福感和满意度。

加强专家咨询工作。围绕乡村振兴的关键问题，在规划编制、政策咨询、模式创新、质量评估等方面邀请专家参与。发挥专家咨询作用，积极开展乡村振兴理论和政策研究、协助地方制定加快建立健全城乡融合发展的体制机制和政策体系，广泛征求专家意见，集中各方面智慧，制定切实可行的实施规划和方案。鼓励专家长期跟踪调研，深入基层一线发现问题，了解问题，及时总结反映基层好做法好经验，提出有针对性、操作性的政策建议，为科学决策提供信息和智力支持。利用专家咨询队伍研究问题、理清思路，谋划对策，推动乡村振兴战略更好落实落地。

四、科学利用新技术和新手段

我国乡村数量众多、资源禀赋各异，乡村振兴规划兼顾促进发展、合理配置资源和优化空间布局等任务，为了增强规划的科学性，提高规划实施及管理的效能，应加强信息技术和新手段在乡村振兴规划工作中的应用。运用大数据、云计算等技术手段分析问题、评估预测，提高规划的科学性。

围绕编制乡村振兴规划所需要的数据信息资料、编制技术路线和编制重点工作任务，确定信息技术和新手段重点发挥作用的领域。一是利用大数据弥补乡村统计数据不完善的弊端，将日常生活中产生的大量空间信息与乡村社会经济活动信息，如微博数据、移动手机信令数据等作为新型数据资源，不断扩展丰富规划数据基础。二是充分利用互联网、云计算和地理信息系统等新兴技术，以网站、微博、微信等应用为依托搭建信息平台，应用于规划的公众参与、社会思想和智慧的交流与凝聚。三是利用空间信息技术，将大范围、综合性的乡村经济、社会、人文、自然环境等方面的信息，准确快速地采集并建立规划的空间信息数据库，并利用信息系统的空间分析能力辅助规划分析和决策。比如，对乡村人口集聚能力和水平进行定量评价，对乡村产业、资源、用地和人文等信息进行叠加分析，判断划分乡村发展类型等。四是运用相关规划模型，对乡村振兴发展政策进行空间变化模拟，对乡村发展、演变进程进行模拟评估，对关键影响因素进行分析、提炼，对不同规划方案进行对比分析，辅助规划编制与管理的科学决策。五是利用规划信息可视化技术、规划公众参与信息平台等，实现规划信息内容向社会公众综合、动态发布，扩大规划影响。

五、加强相关规划的统筹衔接

乡村振兴规划包括产业发展、空间布局、基础设施和公共服务配置等内容，涉及面广，与相关规划进行全面统筹和对接，有利于提升规划科学性，形成各方面支持乡村振兴规划实施的合力。2018年中央一号文件中提到，强化乡村振兴规划引领，加强各类规划的统筹管理和系统衔接，形成城乡融合、区域一体、多规合一的规划体系。“十四五”时期，乡村振兴重点工作任务和安排与相关规划的统筹衔接需要做好以下三点：一是发展思路与目标的统筹对接。围绕乡村振兴规划在“十四五”时期的阶段性目标，以“十四五”规划思路和建议为纲，乡村振兴规划要落实和细化农村产业发展和农民增收的重要任务，将农业产业发展方向，重点区域、重点项目与“十四五”规划进行对接，落实“十四五”规划中关于农民增收的指标要求。二是与国土空间规划对接。统筹对接国土空间规划中提出的城镇化发展总体空间格局，重大交通基础设施、公共服务设施、产业项目的布局情况，作为确定乡村发展类型、分析明确乡村发展潜力和方向的重要依据。三是与其他专项规划的对接。乡村振兴规划所提出的重点基础设施建设项目和公共服务项目要与各部门和行业专项规划进行对接，明确项目建设选址、建设规模、资金来源、技术标准等内容，确保规划项目科学可行。

第五节

完善支撑保障

一、推动人才振兴

（一）加强农村人力资源开发

完善扶持政策，鼓励和支持涉农院校、农业科研院所、农业龙头企业等为农民提供教育培训、技术支持和创业指导等服务，培养有文化、懂技术、善经营和会管理的高素质农民，培育壮大农村实用人才队伍，促进农业农村人才队伍建设。

（二）多种方式提供人才保障

加强农村专业人才队伍建设。加强农技推广人才队伍建设，探索公益性和经营性农技推广融合发展机制，允许农技人员通过提供增值服务合理取酬，全面实施农技推广服务特聘计划。加强涉农院校和学科专业建设，大力培育农业科技、科普人才，深入实施农业科研杰出人才计划和杰出青年农业科学家项目，深化农业系列职称制度改革。

鼓励社会人才投身乡村建设。以乡情乡愁为纽带，引导和支持企业家、党政干部、专家学者、医生教师、规划师、建筑师、律师、技能人才等，通过下乡担任志愿者、投资兴业、行医办学、捐资捐物、提供法律服务等方式服务乡村振兴事业，允许符合要求的公职人员回乡任职。继续实施“三区”（边远贫困地区、边疆民族地区和革命老区）人才支持计划，深入推进大学生村官工作，因地制宜实施“三支一扶”、高校毕业生基层成长等计划，开展乡村振兴“巾帼行动”、青春建功行动。建立城乡、区域、校地之间人才培养合作与交流机制。

全面建立城市医生教师、科技文化人员等定期服务乡村机制。保障和改善乡村教育、医疗卫生人员待遇，通过免费师范教育、继续教育和培训提高乡村教育、医疗卫生人员的学历水平和整体素质，通过职业资格倾斜、完善考核评价体系等方式，提高乡村教育、医疗卫生人员的社会地位和职业吸引力。

（三）促进城乡人才合作与交流

建立健全城乡、区域、校地间人才培养合作与交流机制。鼓励科研人员、工程师、规划师、建筑师等专业人才参与乡村建设。对返乡入乡创新创业人才给予资金、项目和税收等方面的支持，搭建社会工作和乡村建设的志愿者服务平台，支持和引导社会人才通过多种方式服务乡村振兴。

村民委员会、农村集体经济组织应当为返乡入乡人员和社会人才提供必要的生产生活服务，并可根据实际情况赋予人才村集体经济组织成员的相关福利待遇。

二、加强用地保障

（一）完善乡村产业发展用地政策

健全农村土地管理制度。完善征地补偿标准，建立被征地农民长远生计的多元保障机制。深化农村宅基地制度改革，积极探索落实宅基地集体所有权、保障宅基地农户资格权和农民房屋财产权、适度放活宅基地和农民房屋使用权的具体路径和办法。建立集体经营性建设用地增值收益分配机制。完善农村新增用地保障机制。

建立集体经营性建设用地增值收益分配机制。完善农村新增用地保障机制。统筹农业农村各项土地利用活动，乡镇土地利用总体规划可以预留一定比例的规划建设用地指标，用于农业农村发展。根据规划确定的用地结构和布局，年度土地利用计划分配中可安排一定比例新增建设用地指标专项支持农业农村发展。对于农业生产过程中所需各类生产设施和附属设施用地，以及由于农业规模经营必须兴建的配套设施，在不占用永久基本农田的前提下，纳入设施农用地管理，实行县级备案。落实现代农业发展用地保障。支持通过土地流转推进规模经营，因地制宜开展土地综合整治，归并地块，完善农田基础设施，发展现代农业用地。

严格耕地和永久基本农田保护。涉及永久占用林地和耕地的列入省级用地指标。新编国土空间规划应设置预留用地指标专项，保障乡村振兴项目的新增建设用地需求，优先向农业产业园、科技园、创业园、农村综合服务平台等安排建设用地，支持现代农业园区和助农服务体系建设。

（二）盘活农村集体建设用地存量

积极探索农村集体建设用地入市，允许县级政府通过村土地利用规划调整优化村庄用地布局，有效利用农村零星分散的存量建设用地。完善农民闲置宅基地和闲置农房政策，严格禁止下乡利用农村宅基地建设别墅大院和私人会馆。将乡村振兴规划具体项目清单与国土空间规划衔接，明确用地类型和供地方式，实行分类管理。在符合国土空间规划和乡村规划的前提下，开展农村土地综合整治、宅基地整理、城乡建设用地增减挂钩等土地整治方式，将节约的农村集体建设用地通过入股、联营等途径发展农产品深加工、仓储物流、乡村休闲旅游和一二三产业融合等项目。拓展土地使用功能，对利用收储农村闲置建设用地发展农村新产业新业态的，给予新增建设用地指标奖励，确保农村新产业新业态发展、产业融合发展、农民住房建设及非营利性教育、医疗卫生、养老、体育、殡葬设施等项目用地需求。支持农村集体经济组织参与城市更新政策，引入投资经营主体，推动农村旧村改造、配套设施改善、工业园整治提升和产业转型升级。深化宅基地改革，盘活利用宅基地存量资源支持乡村建设。

三、坚持多元投入

健全投入保障制度，完善政府投资体制，充分激发社会投资的动力和活力，加快形成财政优先保障、社会积极参与的多元投入格局。

（一）财政优先保障

明确强化各级政府“三农”投入责任，根据乡村振兴目标任务，确定财政投入保障力度。根据项目类型，采取不同的投融资方式，政府重点保障农业绿色生产、可持续发展、农村人居环境、基本公共服务等重点领域和短板弱项的投入。通过发行一般债券，支持乡村振兴领域公益性项目，发行项目融资和收益自平衡的专项债券，支持符合条件、有一定收益的公益性建设项目。推动行业内和行业间涉农资金整合统筹，加强涉农支农资金监督管理，提升使用效益。

（二）提高土地出让收益用于农业农村比例

开拓投融资渠道，健全乡村振兴投入保障制度，为实施乡村振兴战略提供稳定可靠资金来源。坚持“取之于农，主要用之于农”的原则，制定调整完善土地出让收入使用范围、提高农业农村投入比例的政策性文件。改进耕地占补平衡管理办法，建立高标准农田建设等新增耕地指标和城乡建设用地增减挂钩节余指标跨省域调剂机制，将所得收益通过支出预算全部用于巩固脱贫攻坚成果和支持实施乡村振兴战略。

（三）引导和撬动社会资本投向农村

优化乡村营商环境，加大农村基础设施和公用事业领域开放力度，吸引社会资本参与乡村振兴。规范有序盘活农业农村基础设施存量资产，回收资金主要用于补短板项目建设。继续深化“放管服”改革，鼓励工商资本投入农业农村，为乡村振兴提供综合性解决方案。鼓励利用外资开展现代农业、产业融合、生态修复、人居环境整治和农村基础设施等建设。推广一事一议、以奖代补等方式，鼓励农民对直接受益的乡村基础设施建设投工投劳，让农民更多参与建设管护。

四、加强金融支农

健全适合农业农村特点的农村金融体系，把更多金融资源配置到农村经济社会发展的重点领域和薄弱环节，更好满足乡村振兴多样化金融需求。

（一）强化对“三农”信贷的正向激励

给予低成本资金支持，提高风险容忍度，优化精准奖补措施。对机构法人在县域、业务在县域的金融机构，适度扩大支农支小再贷款额度。深化农村信用社改革，坚持县域法人地位。加强考核引导，合理提升资金外流严重县的存贷比。鼓励商业银行发行“三农”、小微企业等专项金融债券。

（二）创新金融支农产品和服务

加快农村金融产品和服务方式创新，持续深入推进农村支付环境建设，全面激活农村金融服务链条。稳妥有序推进农村承包土地经营权、农民住房财产权、集体经营性建设用地使用权抵押贷款试点。探索县级土地储备公司参与农村承包土地经营权和农民住房财产权“两权”抵押试点工作。充分发挥全国信用信息共享平台和金融信用信息基础数据库的作用，探索开发新型信用类金融支农产品和服务。结合农村集体产权制度改革，探索利用量化的农村集体资产股权的融资方式。提高直接融资比重，支持农业企业依托多层次资本市场发展壮大。创新服务模式，引导持牌金融机构通过互联网和移动终端提供普惠金融服务，促进金融科技与农村金融规范发展。

（三）完善金融支农激励政策

通过奖励、补贴、税收优惠等政策工具支持“三农”金融服务，将乡村振兴作为信贷政策结构性调整的重要方向。落实符合条件的家庭农场等新型农业经营主体按照规定享受小微企业相关贷款税收减免政策，设置与农业生产周期相匹配的农业贷款期限。推动温室大棚、养殖圈舍、大型农机、土地经营权依法合规抵押融资。落实县域金融机构涉农贷款增量奖励政策，完善涉农贴息贷款政策，降低农户和新型农业经营主体的融资成本。健全农村金融风险缓释机制，发挥全国农业信贷担保基金作用，强化担保融资增信功能，引导更多金融资源支持乡村振兴。

（四）稳妥扩大农村普惠金融改革试点

鼓励地方政府开展县域农户、中小企业信用等级评价，加快构建线上线下相结合、“银保担”风险共担的普惠金融服务体系，推出更多免抵押、免担保、低利率、可持续的普惠金融产品。抓好农业保险保费补贴政策落实，督促保险机构及时足额理赔。优化“保险＋期货”试点模式，继续推进农产品期货期权品种上市。

五、突出科技兴农

紧紧围绕乡村振兴规划和科技需求，从基础理论研究、关键核心技术和装备创新，推进技术集成应用，优化基层科技服务等方面加强农业科技对乡村振兴的支持作用。

（一）加强农业应用基础研究

根据各地农业生产科学技术需求和发展趋势，充分发挥农业科研院所、高校等机构的作用，开展自主创新和协同创新研究，为地方动植物资源研究、高效育种、品种检测、有害生物绿色防控、农业资源高效利用、农产品质量检验检测、基因编辑、农业大数据、人工智能、农业装备研制等，提供坚实的应用研究基础。

（二）强化关键核心技术创新和应用

围绕提质增效和绿色安全目标，加强对提高农产品产量、改善农产品品质、提升农业生产能力、增加农业生产经济效益等方面的关键核心技术创新研究和应用。加强农业生产不同环节、类型的技术集成与应用，推广适合于不同生产经营规模、有利于促进农村新产业新业态开发的信息化产品应用，综合发挥农业技术效益。

加强农业科技创新平台基地建设。依托国家农业高新技术产业示范区、国家农业科技园区等创新平台基地建设。积极培育国际领先的农业高新技术企业，形成具有国际竞争力的农业高新技术产业。鼓励科技创新联盟建设，支持农业高新技术企业建立高水平研发机构，利用现有资源建设农业领域国家技术创新中心，加强重大共性关键技术和产品研发与应用示范。建设农业科技资源开放共享与服务平台，充分发挥重要公共科技资源优势，推动面向科技界的开放共享，整合和完善科技资源共享服务平台。

（三）完善农业科技推广服务

加强科研创新平台建设，完善农业科技服务网络，进一步发展壮大科技特派员和专家服务团队。采取长期稳定的合作方式，深化科研院所与农业龙头企业、新型经营主体合作，着力完善科技推广服务体系，面向农业全产业链配置科技资源，扩大对特色优势农产品覆盖范围。促进优质科技资源向基层下沉，向薄弱地区倾斜，推进农业科技成果转化和技术服务工作。

健全省市县三级科技成果转化工作网络，支持地方大力发展技术交易市场。面向绿色兴农重大需求，加大绿色技术供给，加强集成应用和示范推广。健全基层农业技术推广体系，创新公益性农技推广服务方式，支持各类社会力量参与农技推广，全面实施农技推广服务特聘计划，加强农业重大技术协同推广。

参考文献

习近平，2014. 习近平谈治国理政 [M]. 北京：外文出版社 .

习近平，2020. 习近平谈治国理政：第三卷 [M]. 北京：外文出版社 .

中共中央文献研究室，2016. 习近平总书记重要讲话文章选编 [M]. 北京：中央文献出版社，党建读物出版社 .

中共中央党史和文献研究院，2018. 习近平扶贫论述摘编 [M]. 北京：中央文献出版社 .

中共中央党史和文献研究院，2019. 习近平关于“三农”工作论述摘编 [M]. 北京：中央文献出版社 .

中共中央宣传部，2019. 习近平新时代中国特色社会主义思想学习纲要 [M]. 北京：学习出版社，人民出版社 .

中共中央文献研究室，2014. 十八大以来重要文献选编 [M]. 北京：中央文献出版社 .

陈明星，2019. 着力补齐农村基础设施短板 [N]. 河南日报，2019-03-18（6）.

陈晓运，2019. 综合施策破解乡村“强发展弱治理”[N]. 南方日报，2019-07-08（A11）.

重庆市中国特色社会主义理论体系研究中心，2019. 深刻认识习近平总书记关于扶贫工作重要论述的重大意义 [N]. 重庆日报，2019-05-14（7）.

刁学锋，2020. 乡村治理的困境与路径初探 [N]. 农村大众报，2020-06-05（6）.

高鸣，芦千文，2019. 中国农村集体经济：70 年发展历程与启示 [J]. 中国农村经济（10）：19-39.

国家发展和改革委员会，2019. 发展改革委就建立健全城乡融合发展体制机制和政策体系有关情况举行发布会 [EB/OL].（2019-05-06）[2020-08-28]. http：//www.gov.cn/xinwen/2019-05/06/content_5389076.htm#1.

韩长赋，2016. 构建三大体系 推进农业现代化——学习习近平总书记安徽小岗村重要讲话体会 [J]. 休闲农业与美丽乡村（06）：4-7.

韩长赋，2017. 新形势下推动“三农”发展的理论指南——深入学习领会习近平总书记“三农”思想 [J]. 求是（02）.

韩长赋，2019. 坚持农业农村优先发展 大力实施乡村振兴战略 [J]. 求是（07）.

韩俊，2018. 实施乡村振兴战略五十题 [M]. 北京：人民出版社 .

蒋永穆，2020. 从“农业现代化”到“农业农村现代化”[J]. 红旗文稿（05）：30-32.

李人庆，2015. 从城乡产业割裂转向融合发展——探寻打破二元结构和促进发展方式转变的可行路径 [J]. 中国发展观察（12）：44-46.

李兴平，2020. 以绿色发展引领乡村振兴的哲学意蕴 [N]. 光明日报，2020-01-02（6）.

刘奇葆，2015. 以美丽乡村建设为主题 深化农村精神文明建设 [J]. 党建（09）：18-21.

吕德文，2019. 乡村治理 70 年：国家治理现代化的视角 [J]. 南京农业大学学报（社会科学版），19（04）：11-19，156.

农业农村部，2011. 建党以来农村政策回顾展 [EB/OL].（2011-06-30）[2020-08-26]. http：//www.moa.gov.cn/ztzl/zggcd/hgz.

《求是》杂志编辑部，2019. 做好乡村振兴这篇大文章 [J]. 求是（11）.

瞿长福，乔金亮，2016. 把饭碗牢牢端在自己手上——党的十八大以来全面实施国家粮食安全战略综述 [N]. 人民日报，2016-03-01（6）.

人民日报评论员，2017. 开启全面建设社会主义现代化国家新征程——五论学习贯彻党的十九大精神 [N]. 人民日报，2017-11-02（2）.

人民日报评论员，2018. 牢牢把握农业农村现代化这个总目标——论学习习近平总书记关于实施乡村振兴战略重要讲话精神 [N]. 人民日报，2018-09-30（1）.

苏小庆，王颂吉，白永秀，2020. 新型城镇化与乡村振兴联动：现实背景、理论逻辑与实现路径 [J]. 天津社会科学（03）：96-102.

汪洋，2017. 深入推进农业供给侧结构性改革 加快培育农业农村发展新动能 [J]. 农村工作通讯（07）：5-8.

王立浩，方智远，杜永臣，等，2016. 我国蔬菜种业发展战略研究 [J]. 中国工程科学，18（01）：123-136.

王亚华，高瑞，孟庆国，2016. 中国农村公共事务治理的危机与响应 [J]. 清华大学学报（哲学社会科学版），31（02）：23-29，195.

王亚华，2018. 乡村振兴“三步走”战略如何实施 [EB/OL].（2018-04-08）[2020-06-27].http：//www.qstheory.cn/2018-04/08/c_1122650901.htm.

王波，王夏晖，陆军，2019. 用习近平总书记“三农”思想指导农村生活污水治理 [N]. 中国环境报，2019-08-19（3）.

王笳旭，李朝柱，2020. 农村人口老龄化与农业生产的效应机制 [J]. 华南农业大学学报（社会科学版），19（02）：60-73.

卫兴华，2013. 坚决走共同富裕之路 [J]. 红旗文稿（03）：21-24，1.

魏后凯，2019. 深刻把握农业农村现代化的科学内涵 [J]. 农村工作通讯（02）：1.

魏后凯，2020. 疫情之下做好三个统筹 全面打赢脱贫攻坚战 [J]. 中国国情国力（02）：1.

闻言，2018. 坚决打赢脱贫攻坚战，谱写人类反贫困历史新篇章——学习《习近平扶贫论述摘编》[N]. 人民日报，2018-08-21（6）.

吴宁，宁甜甜，孙鲁，2020. 中国历史性地解决绝对贫困问题的重大意义 [J]. 集美大学学报（哲学社会科学版），23（02）：1-6.

学习时报特约评论员，2019. 谈谈坚持问题导向目标导向结果导向 [N]. 学习时报，2019-12-25（1）.

许肖茜，董峻，2020. 美丽乡村新图景——农村人居环境整治成效综述 [EB/OL].（2020-01-09）[2020-06-20].http：//www.xinhuanet.com/politics/2020-01/09/c_1125441271.htm.

亚当·斯密，1972. 国民财富的性质和原因的研究：上卷 [M]. 郭大力，王亚南，译. 北京：商务印书馆.

杨海泉，2019. 全球贸易低迷不振 来年机遇挑战并存——2019 年国际贸易回顾与展望 [N]. 经济日报，2019-12-25（5）.

袁忠，刘雯雯，2019. 我国乡村多元治理格局的困境及其破解——基于“三治合一”乡村治理体系的思考 [J]. 广东行政学院学报，31（06）：17-22.

张杨，2018. 壮大集体经济要处理好“统”“分”关系 [N]. 北京日报，2018-04-23（13）.

张海鹏，2019. 中国城乡关系演变 70 年：从分割到融合 [J]. 中国农村经济（03）：2-18.

张勇，2019.《乡村振兴战略规划（2018—2022 年）》辅导读本 [M]. 北京：中国计划出版社.

张洪祯，张玺韬，2020. 全国人大代表高友东：补全农村地区饮水问题短板 [EB/OL].（2020-05-25）[2020-06-19].http：//jrcj.chinareports.org.cn/

gdft/2020/0525/3064.html.

张露，罗必良，2020. 贸易风险、农产品竞争与国家农业安全观重构 [J]. 改革（05）：25-33.

中共中央 国务院，2018. 关于实施乡村振兴战略的意见（2018 年 1 月 2 日）[EB/OL].（2018-02-04）[2020-08-28]. http：//www.gov.cn/zhengce/2018-02/04/content_5263807.htm.

中共中央 国务院，2018. 乡村振兴战略规划（2018—2022 年）[EB/OL].（2018-09-26）[2020-08-28]. http：//www.gov.cn/zhengce/2018-09/26/content_5325534.htm.

中共中央 国务院，2019. 关于坚持农业农村优先发展做好“三农”工作的若干意见（2019 年 1 月 3 日）[EB/OL].（2019-02-19）[2020-08-28]. http：//www.gov.cn/zhengce/2019-02/19/content_5366917.htm.

中共中央 国务院，2019. 关于建立健全城乡融合发展体制机制和政策体系的意见（2019 年 4 月 15 日）[EB/OL].（2019-05-05）[2020-08-28]. http：//www.gov.cn/zhengce/2019-05/05/content_5388880.htm.

中共中央 国务院，2020. 关于抓好“三农”领域重点工作确保如期实现全面小康的意见（2020 年 1 月 2 日）[EB/OL].（2020-02-05）[2020-08-28]. http：//www.gov.cn/zhengce/2020-02/05/content_5474884.htm.

邹进泰，2019. 建立健全体制机制 破解城乡融合三大难题 [N]. 湖北日报，2019-06-30（7）.

▌后 记▐

本书是《学习贯彻习近平新时代中国特色社会主义经济思想做好“十四五”规划编制和发展改革工作》系列丛书之一，旨在为社会各界全面领会习近平总书记关于实施乡村振兴战略的重要论述精神，准确把握实施乡村振兴战略的内涵要义、总体要求和目标任务，科学谋划“十四五”时期乡村振兴工作提供参考。

本书在国家发展改革委党组书记、主任何立峰同志的直接领导下，在党组副书记、副主任唐登杰同志，原党组成员、副主任张勇同志，党组成员、副主任宁吉喆同志的悉心指导下，由国家发展改革委农村经济司具体负责、国家发展改革委所属产业经济与技术经济研究所、城市和小城镇改革发展中心共同参与编写，编写组成员包括：农村经济司吴晓、许正斌、孙洪波、张宇翔；产业经济与技术经济研究所蓝海涛、涂圣伟、张义博、周振；城市和小城镇改革发展中心邱爱军、鲍家伟、白玮、王大伟。袁达、孟玮、赵怀勇、张路鹏、李高子、李冠佑、杨恺、李韶辉、费洪平、李金峰、王云平等同志，对本书进行了认真审核并提出了宝贵意见建议，中国计划出版社编辑徐泓、赵超霖也对本书进行了编辑加工整理。在此，谨对所有给予本书帮助支持的单位和同志表示衷心感谢。

本书编写组

2020 年 8 月